장애가 장애가 되지 않게

장애가
장애가 되지 않게

마선옥 김도운 공저

문진

추천사

한국장애인고용공단의 주력 사업 중 하나인 '직장 내 장애인 인식개선 교육'에 참여하고 계신 두 분의 강사께서 장애인 인식 개선과 고용 확대를 주제로 한 저술 '장애가 장애가 되지 않게'를 출간하시니 그 열정에 박수와 갈채를 보냅니다.

사업주와 근로자에 대한 직장내 장애인 인식개선과 장애인의 고용 확대는 한국장애인고용공단이 가장 역점적으로 추진하고 있는 사업이며, 공단 존재의 이유이기도 합니다. 이러한 사업에 관심을 두고 관련 저술을 출간해 주시니 두 분께 거듭 감사의 마음 전합니다.

우리나라는 세계 기구가 인정하는 선진국이 되었습니다. 잘사는 나라 대열에 합류했습니다. 하지만 아쉽게도 아직 선진국에 걸맞은 의식을 갖추지 못했다는 평가를 받고 있습니다. 그중 하나가 장애인을 비롯한 사회적 약자에 대한 부정적인 인식의 문제입니다.

그래서 국가는 2018년 5월 직장내 장애인 인식개선교육을 법정 의무교육으로 정해 공공기관과 모든 사업장 등을 대상으로 교육을 실시하고 있습니다. 그 최 일선에서 수고해주시는 분들이 바로 한국장애인고용공단의 강사양성 교육과정을 수료한 직장 내 장애인 인식개선교육 강사분들입니다.

강의 준비를 하고, 강의하는 데도 시간이 부족할 터인데 짬을 내어 훌륭한 저서를 집필하셨으니 그 열정이 놀라울 뿐입니다. 이 책이 많은 분들의 장애인 인식개선을 위한 토대로 활용되기를 소망합니다.

한국장애인고용공단 출범 후 장애인 고용이 확대되는 성과가 나타나고 있지만 여전히 부족한 실정입니다. 관련 분야의 책을 집필하고 열심히 인식개선 강의를 해주는 이런 분들이 많으니 앞으로 더욱 큰 성과가 나오리라 기대해 봅니다. 거듭 감사하며 진심으로 출간 축하드립니다.

한국장애인고용공단 이사장 **조 향 현**

추천사

장애인을 소재로 한 책은 주로 전공서적이거나 전문서적이다. 일반 교양서적 형태의 책 중 장애인을 소재로 다룬 책은 대단히 드물다. 특히 장애인의 고용 문제를 다룬 책은 더욱 드물다.

평소 환상의 콤비 플레이를 선보이며 기업과 기관 종사자들을 상대로 장애인인식개선 강의를 하는 마선옥, 김도운 두 명의 강사가 강의를 통해 못다 한 자신들의 이야기를 담아 책을 엮었다니 감개가 무량하다.

이들 둘은 평소 내가 잘 알고 지내는 후배다. 매사 열정적이고, 아이디어가 기발해 기획력이 뛰어나다. 지난 여름 만났을 때 둘이서 공동집필을 해보겠다고 하더니 불과 한 계절이 지났는데 원고가 완성됐다고 내민다.

장애인을 비롯한 사회적 약자를 바라보는 바른 시선이 담겨있다. 장애인이 비장애인과 전혀 다를 것이 없는 욕망과 욕구를 지닌 사람이란 점을 강조하는 한편 일하고 싶고, 일할 수 있다고 강변한다.

모처럼 좋은 책이 세상에 나와 마음이 흡족하다. 교양을 넓히고 배려하는 마음을 키울 수 있는 책이 필요하다. 이 책은 장애인과 관련한 일을 하는 종사자나 불특정 시민 모두에게 유익한 내용으로 구성되었다.

과거에 비해 장애인에 대한 사회적 인식은 대단히 개선됐지만, 아직 갈 길이 멀다. 자신과 다르다는 이유로 차별하고 편견을 갖는 일이 부지기수다. 그래서 이런 책이 절실히 필요하다.

좋은 책이 세상에 나왔음을 기뻐하고, 후배들이 의미 있는 책을 출간하였음을 축하한다. 이 책을 시작으로 장애인 인식개선 관련 책이 줄지어 출간되고 세상을 바꾸는 밑거름이 되기를 바란다.

무더위와 사투를 벌이며 좋은 책을 출간해 세상에 내놓은 두 사람에게 진심 격려의 마음을 보낸다. 분발하여 모두가 배려하고, 양보하고, 이해하는 마음을 넓혀가는 세상을 만드는 데 힘써 주길 바란다.

2018평창동계패럴림픽 개폐회식 총감독 **이 문 태**

추천사

책 한 권을 발행한다는 것은 개인적으로나 사회적으로나 참으로 의미 있는 일입니다. 얼마나 많은 시간을 들여 연구하고, 고민하고, 노력해서 집필을 이루어냈을지 짐작이 됩니다.

누구나 생을 통해 자신의 저술 한 권을 남기고 싶은 생각을 하지만, 그게 어디 말처럼 쉬운가요? 부단히 노력하는 사람이 아니라면 가질 수 없고, 누릴 수 없는 자기만족이고 행복이라고 생각합니다.

더욱이 이번에 마선옥, 김도운 두 분이 발간한 책은 사회적으로 참으로 의미가 있는 책입니다. 사회가 장애인을 바라보는 올바른 시각을 제시할 뿐 아니라 그들의 고용 확대를 위해 모두 애써야 한다는 점을 강조합니다.

국내 장애인 수는 250만 명을 넘어서 전체 국민의 5% 안팎에 이르지만, 장애인에 대한 편견은 여전합니다. 그 편견의 벽을 넘지 못해 장애인은 고용에서 늘 뒷전이고 그로 인해 힘들어 합니다.

두 분 저자는 이 부분에 대해 때로는 논리적으로, 때로는 감성적으로 접근하며 대중을 설득합니다. 장애는 장애 당사자가 만든 것이 아니라 사회가 만든 것이란 점을 강조합니다.

참 좋은 책이 세상에 나오니 마음이 뿌듯합니다. 많은 이들이 이 책을 읽고 장애에 대한 인식을 개선하고 나아가 장애인의 고용 문제에 관심을 확대했으면 좋겠습니다.

한여름 무더위 속에서 이 책을 집필했다고 들었습니다. 얼마나 힘든 과정을 거쳐 책이 완성됐을지 가늠이 됩니다. 좋은 책이니 많은 이들이 읽고 교양을 넓히길 바랍니다. 좋은 책 써 주셔서 대단히 감사합니다.

세상을 밝히는 좋은 책을 앞으로 꾸준히 집필해 주시기 바랍니다. 이런 노력이 모아지면 세상은 보다 이해심 많고, 아량이 넓어지는 가슴 따듯한 공간으로 변해갈 것입니다. 거듭 출간을 축하드립니다.

중소벤처기업부 중장년창업기술지원센터장 **정 명 수**

Prologue

한쪽 팔을 잃어 중증 지체장애인이 된 것은 내가 가장 많이 꿈꾸고 가장 아름다운 나날을 보내던 10대 후반이었다. 장애를 당한 모든 이들이 그러했듯이 나도 수년의 세월을 절망 속에 살았다. 그러나 계속 그렇게 살 수는 없었다. 마음을 가다듬고 장애를 받아들이는 데까지는 짧지 않은 세월이 흘렀다. 왼손으로 식사하고, 글씨 쓰고, 생활 전반을 익히는 일이 쉽지 않았다. 그래도 하나씩 배워나갔다. 왼손 생활이 차츰 익숙해지면서 마음의 무거운 상처도 조금씩 치유됐다. 역시 세월이 약이었다.

장애와 무관한 일을 했지만 역시나 불편했고, 사회의 따가운 시선은 늘 나를 주눅 들게 했다. 그마저도 떨쳐버린 것은 나이를 먹을 만큼 먹은 후였다. 중년에 이르러 장애인 기업을 설립했고,

교육사업을 주 아이템으로 잡았다. 특히 장애인인식개선 교육에 열중하기 시작했다. 내가 할 수 있는 최선의 일이었고, 사명감으로 할 수 있는 일이었다. 아주 열심히 교육에 매진했고, 전국에서 가장 많이 장애인인식개선 교육을 하는 강사로 인정받았다.

한정된 시간에 강의를 통해 장애인 관련 인식을 개선할 수 있도록 하는 데는 한계가 있음을 깨달았다. 1시간에 전달할 수 있는 내용은 제한적일 수밖에 없다. 그래서 강의를 마치고 나면 늘 아쉬움이 남는다. 그 아쉬움을 달래는 방법으로 선택한 것이 책을 집필하는 일이다. 책을 통해 강의에서 못다 한 이야기를 담아내면 더 많은 이들에게, 더 많은 내용의 지식과 정보를 전달할 수 있을 것이라 생각했다. 파트너 강사로 함께 일하게 된 김도운 한국안드라고지연구소장과 공동집필 하기로 뜻을 모았고, 작업은 바로 시작되었다.

장애 분야를 전공한 전문가가 아니니 이 책의 내용도 전문서적은 아니다. 다만 일상적이고 상식적인 이야기를 담았다. 특히 장애인이 왜 직업을 가져야 하고, 왜 일을 해야 하는지 설명하는 내용을 많이 실었다. 직업은 생계의 수단이란 의미 외에 자아를 실현하고 자신의 존재감을 확인할 수 있게 해주는 보다 근본적 의미가 있다는 점을 강조했다. 평소 하고 싶은 이야기를 글로 써 책으로 만들어 내니 답답함이 풀린다.

세상에는 참으로 많은 장애인이 존재한다. 국내에만 해도 250만 명 이상의 사람이 장애인으로 살아가고 있다. 상당수 장애인은 직업이 없거나 직업이 있어도 단순한 노무직에 종사하는 경우가 많다. 그러다 보니 자연스럽게 삶의 질이 비장애인과 비교해 낮을 수밖에 없고, 궁핍하고 곤궁하다. 사회가 장애인에게 일자리를 만들어 주면 모든 문제점이 일시에 해소될 수 있다. 장애인에게 일자리보다 더 좋은 복지는 없다.

이러한 나의 신념을 확산하기 위해 졸필이지만 책을 집필하게 됐다. 이 책이 많은 사람의 인식을 끌어올리는 데 역할을 했으면 좋겠다. 제1·2·3장 본문 내용과 제4장의 이미 투고해 신문에 실린 칼럼의 내용이 일부 중복됨은 독자가 혜량惠諒해 주시기 바란다. 인식을 끌어올린다는 것은 타인을 깊이 이해한다는 것을 의미한다. 모두가 남을 잘 이해하고 배려하고 살면 그게 곧 낙원이고 파라다이스다. 누구도 억울하고 서럽지 않은 세상을 만드는 데 이 책이 보탬이 되길 진심 바란다.

2021년 가을

마 선 옥

Prologue

국가인권위원회가 인권강사를 양성한다는 공고를 접하고 지원하여 장기간 교육을 받았다. 교육을 통해 내 의식이 참 많이 바뀌었다. 사회적 약자에 대해 깊이 있게 생각할 수 있었고, 이 사회에 만연한 약자와 소수자에 대한 편견과 혐오, 차별에 대해 깨달았다. 우리가 진정한 선진 일류국가가 되기 위해서는 사회 구성원의 의식을 끌어올리는 것이 우선이라고 생각하게 됐고, 거기에 나의 역량을 보내겠다는 다짐을 했다.

이후 한국장애인고용공단이 장애인인식개선 강사를 양성한다는 공고를 보고 지원해 역시 장기교육을 받으며 장애인에 대해 많은 것을 배웠다. 한국장애경제인협회 충북지부장인 마선옥 '꿈제작소' 대표와 원팀을 이뤄 현장 곳곳을 누비며 공직자, 직장인,

학생 등을 대상으로 장애인인식개선 교육에 열중했다. 강의 횟수가 늘면서 장애인에 대한 이해의 폭은 넓어졌다. 장애인과 관련해 다양한 책도 읽었다.

장애인을 비롯해 사회적 약자들이 겪는 고통은 그들이 풀어야 할 문제가 아니라 사회가 풀어야 할 과제라는 사실을 깨닫게 되었다. 그들이 장애를 당해 불편한 것이 아니라 사회가 그들에 맞춰 사회 시스템을 갖추지 못했기 때문에 그들이 불편을 겪는 것이란 사실을 인지했다. 내가 깨달은 바를 보다 적극적으로 사회 구성원들에게 알릴 할 필요가 있다고 생각했다.

그러던 중 원팀을 이뤄 함께 장애인식개선 교육을 다니던 한국장애경제인협회 충북지부장 마선옥 '꿈 제작소' 대표와 공동 집필해 장애인 인식개선 관련 책을 출간하기로 의기투합했다. 장애인 관련 전공서적이나 학술서적은 많지만, 일반인을 대상으로 하는 교양서적이 부족하다는 점에 착안하였다. 역할을 분담해 자료를 모으고, 구상과 구성 단계를 거쳐 한 권의 책을 엮어내게 되었다.

생각보다 자료가 많지 않았다. 그렇다고 전문지식이 많은 것도 아니었다. 그래서 인터넷 자료와 장애인고용공단이 강사양성을 위해 제작한 강의교재 등을 많이 참고하였다. 특히 의학적 전문지식이 동반돼야 하는 장애의 유형을 설명한 부분 등은 기존 자료에 많이 의존할 수밖에 없었다. 참고문헌을 통해 정확히 밝히고자 한다. 학술논문이 아닌 교양서이다 보니 쪽마다 출처를 낱낱이 밝히지 못한 점 양해를 구한다.

이 책이 많은 이들의 장애에 대한 편견을 없애고 이해를 넓히는 데 도움이 됐으면 더 바랄 것이 없다. 승자만 혜택을 누리고, 다수만 행복하면 된다는 사고방식은 대단히 위험하다. 세상은 더불어 살아가는 곳이다. 이런 마음이 이 책을 통해 더 많은 사람에게 전달되기를 바란다. 장애인을 비롯해 소외의 삶을 살아가고 있는 이 땅의 모든 약자가 희망을 놓지 않고 더 행복하게 사는 세상을 간절히 소망한다.

2021년 가을

김도운

Chapter Two 장애, 존중의 대상이 되다

Chapter Three 장애인, 일을 하다

Chapter Four 95 대 5의 세상 마선옥 칼럼

Chapter One

장애 바로 알기

⠨⠶⠗⠫

⠨⠶⠗⠫ ⠊⠽⠨⠕⠣⠒⠴⠈⠝

장애란 무엇인가

기본적 인지력을 갖췄다면 장애 또는 장애인의 개념을 이해하지 못할 사람은 없다. 그러나 장애 또는 장애인에 대해 정의해 보라고, 또는 설명해보라고 하면 명쾌하게 대답하기가 쉽지 않다. 뭔지 대략 알겠지만, 그렇다고 정확하게 정의 내려 설명하는 일이 만만치 않다. 장애에 대한 정의는 각기 다르다. 장애인에 대한 정의도 사전마다 상이하다. 조금씩 다른 내용을 요약해보면 장애인은 '신체적, 정신적 기능의 손상으로 인하여 일상생활이나 사회생활, 또는 직업생활에 상당한 제약을 받는 사람'이라고 풀이할 수 있다. 장애는 '어떤 일의 성립, 진행에 거치적거려 방해하거나 충분히 기능하지 못하게 함'이라고 풀이하면 된다.

뭔가 불편한 상황을 장애라 이르고, 그 불편함을 몸소 겪는 사람을 장애인이라고 이른다. 한자를 살펴보면 좀 더 자세히 뜻을 살펴볼 수 있다. 장(障)은 '막다' '막히다'라는 의미가 있다. 애(碍)는 '거리끼다' '가로막다' '방해하다'의 의미가 있다. 결국, 장애란 뭔가 가로막혀 있고, 거리끼고, 방해받고 있는 상태다. 장애인은 그런 불편을 느끼고 생활하는 사람이다. 장애인을 영어로는 'disabled person'이라고 표현한다. 부정과 반대를 의미하는 접두사 'dis'에 '능력 있는'의 뜻을 가진 'abled'가 결합한 말이다. 역시 '뭔가에 가로막혀 제대로 능력을 발휘하기 어려운 사람'이란 의미다.

'장애'의 개념을 좁게만 생각하면 '신체 또는 정신 기능의 저하나 이상, 상실 또는 신체 일부의 손상 등을 의학적 수준에서 판단하는 것'이라고 볼 수 있다. 하지만 그 폭을 넓혀 생각해보면 세계보건기구(WHO)가 규정한 기능장애와 능력장애, 사회적 장애의 세 가지 분류 기준을 포함한다. 또 선천적 또는 후천적 원인에 의해 신체적 기능장애가 발생하면 이로 인해 일할 수 없는 능력장애가 발생하게 되고, 이로 인해 불이익을 받는 사회적 장애가 발생하게 된다. 장애는 개인적 차원과 사회적 차원을 포괄하는 개념으로 보아야 한다.

이상에서 살펴본 장애 또는 장애인의 정의를 표현하는 말 가운데 기준이 모호하거나 불확실한 부분이 있음을 생각할 수 있다. 이를테면 '상당한 제약을 받는다' '충분히 기능하지 못한다' 등은 기준이 명확하지 않다. 이는 상대적 개념을 포함하고 있기 때문이다. 즉, 심한 장애를 가지고 있더라도 그 사회의 물리적 환경이나 사회적 태도가 긍정적이면 상당한 제약이 되지 않을 수 있다. 반대로 장애의 정도가 경미하더라도 사회적 여건이 성숙해 있지 않으면 생활에 불편을 느낄 수밖에 없고, 충분히 기능할 수 없게 된다.

예를 들어 휠체어를 타는 지체장애인이지만 그가 사는 사회의 물리적 여건이 장애를 느끼지 못할 정도로 잘 구축돼 있다면, 생활에 큰 제약을 받지 않게 된다. 가는 곳마다 휠체어가 잘 통행할 수 있는 경사면이 설치돼 있고, 교통수단도 불편 없이 이용할 수 있게 돼 있다면 장애로 인한 불편은 줄어들게 된다. 수어가 주된 의사소통 수단인 언어장애인이 생활에서 불편을 느끼는 것은 세상 사람 중 수어를 구사하거나 해독할 줄 아는 사람이 적기 때문이다. 모두가 수어로 능숙하게 소통할 수 있는 사회라면 언어장애인이 겪는 불편은 감소할 수밖에 없다. 사회 구성원의 장애 이해도가 높아 장애인에 대한 차별이 없고, 선입견이 없다면 그 또한 생활 속의 불편을 크게 줄어들게 하는 요인이 된다.

장애는 사회가 만드는 것일 뿐이란 말이 있다. 앞서 예를 들었듯이 휠체어를 타고 다니는 장애인이 상당한 제약을 받는 것은, 사회가 불편 없이 생활할 수 있는 시스템을 구축하지 못했기 때문이다. 불편 없이 모든 생활을 거뜬히 해낼 수 있도록 시스템을 갖추었다면 장애는 장애가 아니다. 다소 불편할 뿐이다. 사회적 시선도 중요하다. 모든 사회 구성원이 장애와 장애인에 대해 충분히 교육받아 이해의 폭이 넓으면 차별이나 선입견이 사회에 발붙일 수 없다. 더불어 그로 인한 불편도 없어지게 된다. 그러니 장애와 장애인은 사회가 만든다고 보는 것이다.

장애의 역사

'사회발전'이란 개념은 비단 물질의 발달만 의미하는 것은 아니다. 물질문명의 발달과 더불어 구성원의 의식이 성장하는 것을 진정한 사회발전이라고 인정한다. 사회의식이 발달하지 못하면 말 그대로 사회는 약육강식의 전쟁터가 된다. 약자에 대한 그 어떤 배려조차 없이 오로지 강자와 승자가 세상을 독식하게 된다. 그런 승자독식, 강자독식이 아무런 비판 없이 받아들여지는 사회는 성숙한 사회라 할 수 없다. 약자도, 패자도, 소수자도 차별받지 않고 당당히 살 수 있는 사회환경이 조성돼야 성숙한 사회, 발전한 사회라 할 수 있다.

인류가 어떻게 살아왔는지 기록에 남긴 시대를 역사시대라고 한다. 문자 발명 이전, 기록을 남기지 못한 시대를 선사시대라고 한다. 선사시대의 삶은 추측만 할 뿐 정확한 기록이 없으니 사실

파악이 제대로 안 된다. 다만 추측할 수 있는 것은 선사시대는 역사시대와 비교해 인류의 의식 수준이 훨씬 떨어졌을 것이다. 그나마 인권의식이 싹트고 약자, 패자, 소수자가 최소한의 인격적 존중을 받기 시작한 것이 근대 이후라는 점을 생각하면 그 이전 시대 약자의 삶은 짐작할 만하다. 당연히 비참했을 것으로 본다. 약육강식의 사회가 펼쳐졌을 것이 뻔하기 때문이다.

약자의 대표적 사례라 할 수 있는 장애인을 바라보는 각 시대의 의식을 살펴보면 나머지 약자에 대해서도 이해할 수 있다. 고대 서양의 자료를 확인해보면 그 시대에 장애인이 얼마나 비참하고 비인격적 대우를 받고 살았는지 짐작할 수 있다. 그 시대 장애인은 유기와 학대, 방임, 살인의 대상이 되었다. 생산성 없이 식량이나 축내는 하찮은 존재로 인식됐다. 철저한 군국주의 국가였던 스파르타의 경우, 장애가 있는 아이가 태어나면 곧바로 살해해 버리는 일이 다반사였다. 국가의 군사력에 아무런 도움을 주지 못하는 존재라는 의식이 팽배해 있었기 때문이다.

실제로 당시 법은 선천적 장애아로 태어나거나 3세 이전에 장애를 당하게 되면 살해해도 무방했다고 한다. 장애인을 무능하고 쓸모없는 인간으로 인식했을 뿐 다른 어떤 가치를 부여하지 않은 것이다. 고대 로마시대에는 청각장애인을 집단 익살 시킨 기록도 남아있고, 투기장으로 끌고 가 놀잇감으로 삼았다는 기록도 있다. 중세에도 장애인에 대한 사회적 편견은 크게 개선되지 않았다. 다만 인류역사상 처음으로 지적장애인과 빈곤자를 수용해 보호하는 시설이 처음 성직자를 중심으로 생겨났다는 기록이 있다.

장애인에 대해 사람들의 인식변화가 본격화한 것은 근대 이후라고 할 수 있다. 합리주의 사고가 팽창하면서 장애와 장애인에 관한 연구가 시작됐고, 이들을 구제하기 위한 인류의 노력도 고개를 들었다. 17세기가 시작되며 엘리자베스 구빈법救貧法이 제정되었다. 여기서 장애인은 '노동능력이 없는 자disability'로 분류돼 구빈의 대상으로 지목했다. 이 시대에 장애인은 산업시대의 빈민이어서 보호가 필요한 사람으로 취급했다. 그러나 이때 노동능력이 없는 자라는 개념이 시작되며 지금까지 장애인은 무능한 자라는 낙인이 이어졌다는 시각도 있다.

장애인은 역사를 통해 꾸준히 차별받았고 고립됐다. 그러면서 장애인은 '생산력 없는 존재', '무능하고 사회에 적응하기 어려운 존재'라는 편견에 시달려왔다. 사회적 편견이 심화하면서 장애인은 이유 없이 차별받고, 혐오의 대상이 되기도 했다. 장애인 문제에 관해 국가의 노력은 늘 미미했고, 그러면서 무능한 존재라고 낙인돼 그것이 굴레가 되고 더욱 능력 발휘를 할 수 없는 존재로 인식됐다. 집단시설 생활이 보편화하며 시설 밖 사람과 자연스러운 접촉 기회가 줄어들어 고립이 고착되기도 했다.

그러던 중 영국의 학자 허버트 스펜서가 아주 위험한 이론을 정립했다. 그는 찰스 다윈이 주장한 '생물진화론'을 인간사회에 그대로 접목했다. 그는 인간사회를 동물사회에 대입해 적자생존의 원칙이 작용하는 정글로 인식했다. 강자만이 살아남아 역사를 이어간다는 그의 주장은 영국의 구빈법에 대한 반대로 표출되기도 했다. 그의 이러한 주장은 식민지배는 물론 장애인을 비롯한 사회적 약자에 대한 차별을 정당화하는 역할을 했다. 이 이론의 영향을 받아 구미 일부 국가나 지방정부는 열등하다고 판단하는 이들에 대해 강제 불임수술을 할 수 있게 하는 등의 내용을 담은 '단종법'이 제정되기도 했다. 히틀러는 이러한 학설을 기반으로 제2차대전 중 유대인 600만 명을 집단학살했고, 이때 장애인도 30만 명 가까운 숫자가 이유 없이 희생당했다.

의료적 모델과 사회적 모델

장애인에 관한 패러다임을 이해하면 장애를 보다 근본적으로 이해할 수 있다. 패러다임이라 하면 어떤 한 시대 사람들의 견해나 사고를 근본적으로 규정하고 있는 테두리로서의 인식체계를 일컫는다. 장애의 패러다임은 '개인적·의료적인 모델'에서 '사회적인 모델'로 변화했다. 이는 장애의 문제 원인에 대한 초점이 '개인에서 사회로' '장애에서 장애사회로' 변화했음을 의미한다. 즉, 장애는 장애인 개인의 문제가 아니라 '장애가 될 수밖에 없게 만든 사회'가 문제였다는 것이다. 사회의 무관심이 장애를 만들었다는 관점이다.

의료적 모델로 장애를 인식하면 의료적 손상 여부 또는 정도가 장애의 기준이 된다. 장애를 갖게 된 것은 온전히 개인의 문제로 치부된다. 그래서 가정생활이나 사회생활을 하면서 발생하는 장애에 따른 불편함은 관심의 대상이 되지 못했다. 장애 당사자 또는 그 가족이 극복하고 해결해야 할 문제로만 인식됐다. 그것은 장애인이 사회 구성원 전체에서 차지하는 비중이 낮은 소수자이기 때문에 소수자는 불편해도 어쩔 수 없다는 생각에서 비롯됐다. 사회는 당연히 다수자의 편의에 맞춰 운영돼야 한다고 생각하는 사람이 그만큼 많았다.

그러나 사회적 모델로 장애를 바라보면 장애를 바라보는 시선이 개인적·의료적 모델로 장애를 바라볼 때와 완전하게 뒤바뀐다. 장애가 불편할 수밖에 없는 것은 사회 시스템이 다수자인 비장애인에게 맞춰져 있어 소수자인 장애인이 불편을 겪을 수밖에 없다는 생각이 출발점이다. 예를 들어 언어장애인이 일상의 사회생활을 하는 데 불편함을 느낄 수밖에 없는 것은 그가 언어를 구사할 줄 몰라서라기보다는 다수의 사회 구성원이 수어를 구사할 줄 모르기 때문이라는 생각이다. 또한, 휠체어를 타고 다녀도 아무런 불편함이 없도록 사회 시스템이 갖춰져 있다면 장애란 말 자체가 불필요해진다. 장애란 불편함을 의미하는 데 불편함이 없으면 장애란 말도 무의미해진다.

장애를 바라보는 시선을 어디에 맞췄느냐에 따라 장애인에 대한 정책도 변화할 수밖에 없다. 의료적 모델로 장애를 바라보던 시절에는 최대한 많은 시설을 확충해 한 명이라도 많은 장애인을 입소시켜 그곳에서 생활하도록 하는 것을 최우선으로 삼았다. 그렇게 하는 것이 장애인 당사자는 물론 장애인의 가족에게도 최선이라고 생각했다. 장애인이 생활하는 데 최적화한 환경의 시설을 만들어 그곳에서 살게 해야 한다고 생각했다. 장애를 의료적 손상이라는 시각으로 보았기 때문에 그렇게 생각한 것이라 할 수 있다.

반면 사회적 모델로 장애를 바라보면 전혀 다른 생각과 마주하게 된다. 집단시설을 통한 보호는 장애를 고착화하는 방식으로, 탈 시설을 통해 장애인이 당당한 사회 구성원으로 살 수 있게 해야 한다는 사고방식이다. 그래서 국가 정책도 점차 장애인 집단시설을 폐쇄하거나 최소화하고 사회 속에서 살 수 있도록 바뀌고 있다. 그래서 재가보호가 정착될 수 있게 정책을 맞춰가고 있다. 또한, 활동 지원인 배치를 늘리는 등의 방식을 통해 지역사회 보호가 정착하도록 하고 있다. 아울러 사회 전반에 장애인이 불편을 느끼지 않게 시설과 설비를 확충하고 있다.

의료적 모델과 사회적 모델의 관점 차이가 가장 극명하게 드러나는 분야 중 하나가 교육이다. 종전까지는 특수교육이라는 이름으로 장애인만 대상으로 하는 특수학교를 설립하고, 일선 초·중·고 학교 내에 특수반을 편성해 별도로 교육하는 특수학급을 편성하는 것을 최선으로 여겼다. 다분히 의료적 모델로 장애를 바라보았기 때문이다. 하지만 사회적 모델로 교육을 바라보면 특수학교나 특수학급은 바람직한 형태라 할 수 없다. 장애인과 비장애인이 어울려 교육받는 환경 속에서 장애에 대한 편견이 사라지고 이해가 확충될 수 있다. 또한, 사회 전반에 장애를 극복하기 위한 시설을 확충할 필요성도 인지하게 된다.

교통 분야도 양자 간 시각이 확연히 달라진다. 의료적 모델로 장애를 바라보면 개개인에게 불편함을 최소화할 이동수단을 제공을 극대화하는 것에 정책의 초점이 맞춰진다. 장애인에게 개별 이동수단을 무상 또는 염가로 많이 보급하는 것이 최선의 정책이라는 데 생각이 머물렀다. 하지만 사회적 모델로 장애를 바라보면서 장애인이 장애를 느끼는 것은 사회 전반에 장애인을 위한 설비가 갖춰져 있지 않기 때문이라는 생각을 하게 됐다. 그래서 장애인의 이동권을 보장할 수 있는 각종 지원 시스템을 개발하고, 생활환경 모든 곳에 장애인이 원활하게 이동할 수 있는 설비를 확충하는 데 정책의 초점을 맞추고 있다.

이러한 정책 변화를 가장 실감할 수 있는 부분은 '유니버설 디자인'의 등장이다. 유니버설 디자인은 장애인이 사용할 수 있게 설계된 물건은 비장애인이 더욱 편하게 사용할 수 있다는 데 착안해 모두가 불편 없이 사용하도록 설계하고 제작하는 것을 말

장애인과 어린이 등이 사용하기에 불편하던 손잡이(좌측)를 대신해 누구나 더 쉽게 사용할 수 있는 손잡이(우측) 보급이 보편화 되었다.

한다. 예를 들면 문짝의 손잡이를 종전에는 감자 크기의 공 모양으로 만드는 것이 일반적이었다. 하지만 유니버설 디자인이 보편화하면서 일자형 문고리가 일반 모델로 자리 잡게 되었다. 종전의 공 모양 디자인은 어린이나 노인에게 불편한 것은 물론이고, 장애인 중 일부는 사용할 수 없는 디자인이었다. 반면 일자형은 모두에게 편한 디자인이다. 비장애인도 종전 모형보다 편하게 사용할 수 있다.

장애인에 대한 호칭

장애인에 대한 호칭 문제는 많이 개선되었다. 과거에는 달리 대처할 말도 없이 비하하는 용어가 일상적으로 사용됐지만, 이제는 비하 없이 대처할 수 있는 용어가 정착되었다. 방송을 통해 새로운 용어가 전파를 타며 그 용어는 사회 전반으로 확산하고 있다. 학교에서는 별도의 교육을 통해 학생에게 장애와 장애인에 대한 인식을 개선해가고 있다. 이러한 전 방위적 노력 덕분에 장애인에 대한 인식은 날로 개선되고 있다. 특히 학교교육을 통해 장애인 인식을 개선한 학생이나 젊은 층은 과거 학교교육을 통해 별도의 장애인식 개선 교육을 접하지 못한 고연령층보다 오히려 높은 장애감수성을 갖는 경우가 많다.

불과 수십 년 전 일반 대중이 갖는 장애인에 대한 인식의 수준은 형편없었다. '나와 다른 모습을 하거나 내가 가진 기능을 수행할 수 없는 사람'이라는 이유로 무서운 존재로 인식하는 사례가 있었고, 혐오의 대상이 되기도 했다. 불쌍한 사람, 시혜를 베풀어야 하는 대상으로 인식하는 사례는 그나마 혐오의 대상으로 여기는 시선보다는 나았지만, 그 역시 장애에 대한 올바른 인식은 아니다. 장애나 장애인에 대한 인식은 그들을 지칭하는 용어의 변화에서 극명하게 나타난다. 장애인에 대해 정확한 호칭을 갖는 것은 장애감수성을 키우는 첫걸음이라 할 수 있다.

아주 먼 옛날에는 장애인에 대한 별도의 호칭이 없었다. 그래서 직접적이면서 노골적인 비하를 담은 '병신病身'이라는 용어를 썼다. 한자 그대로라면 병든 신체라는 뜻인데 오랜 기간 사용하면서 비하의 뉘앙스가 깊이 베었다. 그러다 보니 면전에서 사용하는 일은 드물었다. 대개는 직접 호칭이 아닌 간접 호칭으로 사용되었다. 특정인이 아닌 불특정인을 지칭하는 용어로 많이 사용되었다. 문제는 아직도 이 용어를 그대로 사용하는 사람이 있다는 점이다. 벌써 수십 년 전부터 사용하지 않도록 사회적 약속이 이루어진 용어인데 여전히 이 용어를 사용하는 사람이 있다.

혐오와 멸시의 뉘앙스가 강한 '병신'이라는 용어가 거리낌 없이 사용되던 시절을 경험한 이들은 지금도 여전히 그러한 용어를 사용하기도 한다. 참으로 안타까운 일이다. 하지만 학교와 사회의 끊임없는 교육을 통해 장애인에 관한 인식개선을 위해 노력한 결과, 다행히도 젊은 세대는 그러한 용어를 사용하지 않게 됐다. 병신이란 말이 부자연스럽고 혐오를 포함한다는 이유로 대체해 '불구자不具者'라는 말을 사용하던 때도 있었다. '몸의 어느 부분이 온전하지 못한 사람'이란 뜻으로 비장애를 정상, 장애를 비정상의 관점에서 바라본 말이다. 하지만 장애는 불편할 뿐이지 비정상이라고 누구도 말할 수 없다.

한동안 '장애자'라는 표현이 일반적으로 사용되었다. '~한 사람'이란 의미로 '~자'란 표현이 곳곳에서 사용되었다. 하지만 이 말은 푸근함이 없는 사무적인 말이란 단점이 있다. 한때 선거에서 당선됐지만, 임기가 시작되지 않은 사람을 '당선자'라고 표현하기도 했다. 그러다가 어느샌가 '당선자'라는 표현이 '당선인'으로 바뀌기 시작했다. 역시 당선자보다는 당선인이란 말의 어감이 부드럽고 친숙했다. 이보다 앞서 장애자란 말도 장애인으로 변경되었다. 한때 친구라는 뜻의 벗 우友 자를 써서 장애우란 말을 쓰기도 했지만, 적합하지 않다는 결론에 이르렀다. 장애인 단체는 '장애인'이란 표현을 사용해 줄 것을 공식 요청했다. 그래서 지금은 '장애인'이란 말을 보편어로 사용하고 있다.

장애가 있는 당사자를 장애인이라고 부르는 것은 사회적 합의에 이르렀지만, 장애가 없는 사람을 부르는 말이 없었다. 그래서 '일반인'이란 말을 사용하는 사람이 많았다. 장애가 없는 사람을 일반인이라고 부르는 것은 장애가 있는 사람을 '특수인'으로 생각한다는 것을 의미한다. 장애인은 특수인이 아니다. 그저 평범한 일반인이다. 다만 장애가 있을 뿐이다. 장애가 없는 사람을 '정상인'이라고 부르는 이들도 있다. 하지만 이는 대단히 위험한 용어이다. 장애가 없는 사람을 정상인이라고 부르는 순간 장애인은 '비정상인'이 되기 때문이다. 절대 사용해서는 안 될 말이다.

장애가 없는 사람은 '비장애인'이라고 부르는 것이 맞다. 장애인이 아닌 사람이란 뜻이니 적합한 표현이라 하겠다. 영어로 살펴보면 그 차이가 확연해진다. 영어로 장애인은 'person with disability'라고 표현한다. 비장애인은 'person without disability'로 표현한다. 'with'와 'withou't의 어감 차이가 한국어의 장애와 비장애란 어감 표현으로 이어졌다. 하지만 아직도 생활 곳곳에서 장애인 대신 장애자나 장애우, 비장애인 대신 일반인이나 정상인 따위의 말을 쓰는 것을 본다. 장애인식을 바꾸는 일은 용어를 바꾸는 일부터 시작돼야 한다.

장애 유형에 대한 비하적 표현도 많다. 과거에는 대처할 다른 말이 없어 비하의 뜻이 담긴 말을 그대로 사용했다. 하지만 지금은 대체할 말이 만들어졌고, 사회적으로 널리 사용되고 있다. '봉사', '소경', '장님' '맹인' 등의 말은 '시각장애인'으로 바뀌었다. 시각장애인이란 말이 널리 사용되기 전에는 봉사, 장님 등의 말이 보편적으로 사용되었다. 심지어는 '심청전'이라는 문학작품 속에서도 여과 없이 심청의 아버지 심학규를 '심 봉사'라고 표현했다. 언어장애인도 과거에는 '벙어리'라고 불렀다. '벙어리 삼룡이'라는 소설작품도 있었지만 아무도 이를 거북하게 여기지 않았다. '벙어리 냉가슴'과 같은 속담 표현도 거리낌 없이 사용되었다. 지금은 벙어리뿐 아니라 '벙어리장갑'도 '손모아장갑', '주먹장갑', '엄지장갑' 등으로 대체해 사용한다.

청각장애인도 비하 호칭에서 예외일 수 없었다. '귀머거리'라는 말을 썼다. 속담에서도 '귀머거리 3년, 벙어리 3년' 등의 표현을 예사로 사용했다. 지체장애인에게는 '앉은뱅이'라는 말을 썼다. 지금 시대에 사용하면 말도 안 될 일이지만 과거에는 별 거부감 없이 일상어처럼 사용했다. 지금도 일부 장애감수성이 낮은 이들 가운데는 서천 특산물 소곡주를 '앉은뱅이 술'이라고 부르는 등 적절치 못한 표현을 사용하는 이들이 있다. '꼽추'라는 말도 척추장애인으로 대체됐다. 그런 말 사용하면 안 된다. 용어만 조심해도 남에게 불필요한 상처 주는 일을 막을 수 있다.

장애의 유형

장애인복지법은 장애인을 '신체적·정신적 장애로 오랫동안 일상생활이나 사회생활에서 상당한 제약을 받는 자'로 규정하고 있다. 이 법을 기반으로 대통령령은 장애의 종류를 세 종류(정신적 장애, 신체 외부적 장애, 신체 내부적 장애)로 나누고 세부로 15가지를 구분하고 있다. 장애의 범위와 종류는 법으로 정하고 있으므로 가변적이다. 시대에 따라 변할 수 있다. 과거에는 장애가 아니었는데 현대에 이르러 장애에 포함된 사례는 얼마든지 있다. 공간에 따라 장애의 범위와 종류가 변하기도 한다. 대한민국에서는 장애에 포함되는데 다른 나라에서는 장애의 범주에 포함되지 않는 사례가 있다. 반대로 대한민국에서는 장애로 구분되지 않는데 다른 나라에서는 장애로 구분되는 사례가 있다.

〈장애의 유형〉

대분류	중분류	유형	내용
신체적 장애	외부 신체기능의 장애	지체장애	절단장애, 관절장애, 지체기능 장애, 변형 등의 장애
		뇌병변장애	중추신경의 손상으로 인한 복합적인 장애
		시각장애	시력장애, 시야결손장애
		청각장애	청력장애, 평형기능장애
		언어장애	언어장애, 음성장애, 구어장애
		안면장애	안면부의 추상 · 함몰 · 비후 등의 변형으로 인한 장애
	신체 내부기관의 장애	신장장애	투석치료 중이거나 신장을 이식받은 경우
		심장장애	일상생활이 현저히 제한되는 심장기능 이상
		간장애	일상생활이 현저히 제한되는 만성 · 중증의 간기능 이상
		호흡기장애	일상생활이 현저히 제한되는 만성 · 중증의 호흡기기능 이상
		장루 · 요루장애	일상생활이 현저히 제한되는 장루 · 요루
		뇌전증장애	일상생활이 현저히 제한되는 만성 · 중증의 뇌전증
정신적 장애	지적장애		지능지수가 70 이하인 경우
	정신장애		정신분열병, 분열형정동장애, 양극성정동장애, 반복우울성 장애
	자폐성장애		소아자폐 등 자폐성장애

신체적 장애 중 외부장애

신체적 장애는 외부적 장애와 내부적 장애로 구분한다. 이중 외부적 장애에는 지체장애, 뇌병변장애, 시각장애, 청각장애, 언어장애, 안면장애 등이 포함된다. 신체 외부장애는 신체의 상실 또는 손상을 동반하기 때문에 장애의 특성이 외부로 드러난다. 신체의 상실이나 손상을 의학적 수준으로 판단해 장애 여부를 결정한다. 장애에 대한 이해가 부족한 이들은 신체적 장애 중 신체 외부장애와 지적장애만을 장애의 범주로 이해하는 경향이 있다. 외부장애와 지적장애가 그만큼 외부적으로 쉽게 표출되기 때문이다. 하지만 장애는 겉으로 드러나지 않는 유형도 얼마든지 있다.

지체장애肢體障礙

지체장애는 신경계[1]神經系, 근골격계[2]筋骨格系에 발생한 다양한 원인으로 인해 몸의 기능이 영구적으로 제한된 질환을 의미한다. 절단장애, 관절장애, 지체기능장애로 구분한다. 절단장애는 손가락, 발가락, 팔, 다리 등에 절단으로 인한 영구적 기능 이상이 발생한 상태이다. 관절장애는 다양한 근골격계 질환으로 인해 관절의 가동 범위가 감소한 상태이다. 지체기능장애는 골격근육신경계통의 질환, 손상, 기능 및 발달 이상으로 신체의 이동과 움직임 등에 상당히 제한이 따르는 장애이다. 그 외에 변형 장애로 척추측만증[3]脊椎側彎症이나 연골무형성증[4]軟骨無形成症 등이 지체장애로 분류된다.

골격, 근육, 신경계 중 어느 부분에 질병이나 외상으로 인해 발생한 신체기능 장애가 영구적으로 남아있는 상태인 지체장애의 발생은 선천적 원인과 후천적 원인으로 구분한다. 선천적 원인은 유전, 염색체 이상, 대사 장애, 임신 중 약물 복용, 방사선 노출, 매독, 풍진과 같은 감염, 난산, 조산, 혈액형 부조화(산모가 Rh-혈액 인자 보유) 등에서 비롯된다. 그러나 정확한 선천적 원인을 찾지 못하는 경우가 더 많다. 후천적 원인은 출생 이후 예기치 않은 질병이나 사고로 신체적 결함을 갖게 되는 것이다. 각종 질환에 의한 신경계 손상, 교통사고로 인한 재해, 산업재해 등 외상에 의하거나, 당뇨병, 혈액순환 장애, 관절염 등 만성 질환으로 인해 발생하기도 한다.

뇌병변장애腦病變障礙

뇌병변장애는 뇌의 기질적 병변病變으로 인해 나타나는 장애다. 병변이란 병이 원인이 되어 일어나는 생체 변화를 말한다. 주로 허리 위쪽의 상지上肢나 허리 아래쪽의 하지下肢 마비가 나타나고 보행장애나 부분적 운동장애를 동반한다. 운동장애 이외에도 시각장애나 언어장애가 함께 나타나기도 한다. 다만 언어장애를 가진 뇌병변장애인도 지적 능력에는 문제가 없는 경우가 많다. 뇌병변장애인을 대할 때 가장 흔한 실수는 지적장애가 있는 것으로 착각하는 일이 많다는 점이다. 하지만 뇌병변장애는 지적장애와 아무런 상관관계가 없다. 복합장애로 대부분 후천적 원인에 의해 발생한다.

뇌병변장애가 발생한 요인은 뇌졸중[5]腦卒中이나 외상성 뇌 손상, 뇌성마비[6]腦性麻痺 등이 있다. 뇌졸중은 뇌혈관이 막히거나 터져 뇌가 손상되어 나타나는 증상이다. 혈관이 막히면 뇌경색, 혈관이 터져 피가 고이면 뇌출혈에 해당한다. 뇌졸중으로 인한 뇌병변장애로는 반신마비나 언어장애, 시력장애 등이 있다. 심할 경우 의식장애나 식물인간 상태가 될 수도 있다. 외상성 뇌 손상은 교통사고나 산업재해, 폭행 등으로 머리에 충격을 받아 뇌가 손상된 경우다. 뇌진탕이라 불리는 의식소실이 발생하는 사례가 많고, 혼수상태나 경련, 팔다리의 마비와 같은 현상이 발생할 수 있다. 외상성 뇌 손상으로 인해 6시간 이상 의식소실이 지속하면 뇌병변장애가 생길 확률이 높다.

뇌성마비는 출생 전후 뇌가 미성숙한 시기에 생기는 뇌의 병변

뇌병변 장애는 뇌 손상으로 인해 신체활동에 제약을 받지만, 지적장애와는 무관하다.

으로 인한 운동기능 장애를 지칭한다. 산모가 임신 초기 감염 질환에 걸리거나 사고를 당하면 태아의 뇌가 손상되어 뇌성마비가 생길 수 있다. 유전적 요인에 의해 발생할 수도 있으며, 미숙아는 뇌혈관이 약해 뇌성마비에 이를 확률이 높다. 운동장애가 주 증상이지만, 중추 신경계가 손상되면 학습장애나 지적장애 등을 동반할 수 있다. 어린이에게 발생하는 장애 중 가장 심각한 장애라고 할 수 있다. 완치되지는 않지만 성장하면서 재활치료를 통해 기본적인 생활이 가능한 삶을 유지할 수 있다.

시각장애視覺障礙

시각장애는 생리학 또는 신경학적인 원인으로 시각에 이상이 있는 상태를 말한다. 일반적으로 시각장애라 하면 빛을 전혀 지각하지 못할 정도의 단계인 전맹全盲 상태로 한정 지어 생각할 수 있으나, 장애인복지법 시행규칙 상에 기준이 명시돼 있다. 이 기준에 따르면 시력이 떨어지는 눈의 교정시력이 0.02 이하인 사람, 시력이 좋은 눈의 교정시력이 0.2 이하인 사람, 두 눈의 시야가 각각 주 시점에서 10도 이하로 남은 사람, 두 눈 시야의 2분의 1 이상을 잃은 사람이다. 시력 또는 시야결손 정도의 측정이 가능한 의료기관 안과 전문의가 진단하여 수술이나 치료 후 기능회복이 가능하다고 판단하면 처치 후에 장애 진단을 내린다.

시각장애는 원인에 따라 눈과 말초 신경의 손상으로 인한 중심 시력장애와 시신경 교차부터 뇌 영역까지의 신경이 손상되어 발생하는 중추성 시각장애로 나눈다. 중심 시력이란 시야에 있는 물체를 상세한 부분까지 구분해 내는 능력이다. 굴절 이상으로 망막에 초점이 잘못 맺히거나 눈을 이루고 있는 여러 부분이 손상을 입으면 중심 시력장애가 나타난다. 굴절 이상은 눈의 굴절에 이상이 있어 초점을 제대로 맞추지 못하는 시각장애로 원시, 근시, 난시, 노안 등이 있다.

눈은 외부에서 들어오는 광선이 각막[7]角膜, 안방수[8]眼房水, 수정체[9]水晶體, 유리체[10]琉璃體 등 광선을 굴절시키는 안구 매체를 통하여 망막에 상이 맺혀 사물을 인식한다. 이 과정에 있는 눈의 각 부분이 굴절에 이상이 생기면 굴절 이상 장애를 겪게 된다. 특히 수정체는 탄력성이 있어 굴절 조절이 가능해 대부분 굴절 이상은 수정체의 굴절 조정 능력에 이상이 생겨 발생한다. 굴절 이상으로 인한 시각장애는 가벼운 상태일 때 안경 또는 콘택트렌즈의 착용이나 라식 수술과 같은 방법으로 교정할 수 있다.

백내장, 녹내장과 같은 눈 질환으로 인해 영구적인 시각장애를 입을 수도 있다. 백내장은 수정체가 불투명해지거나 혼탁해져 상이 흐리게 보이거나 보이지 않게 되는 상태이다. 녹내장은 방수의 배출이 원활하지 않아 안압이 높아지고 이로 인해 시신경이 손상되는 것으로 제때 치료하지 않으면 영구적인 시각장애를 겪을 수도 있다. 시각 자체에는 아무런 문제가 없더라도 뇌에서 시각 정보를 처리하는 시각 피질 손상으로 시력장애를 겪기도 한다. 이러한 시각 피질 손상은 출산 시의 산소 부족, 뇌 손상, 뇌수종[11]腦水腫, 중추신경계 감염 등으로 발생한다.

청각장애聽覺障礙

청각장애는 소리를 들을 수 있는 능력이 상당히 떨어져 있거나 전혀 들리지 않는 상태의 장애이다. 청각장애는 한쪽 귀에서만 발생할 수도 있고 양쪽 귀 모두에서 발생할 수도 있다. 장애인복지법 시행령은 두 귀의 청력손실이 각각 60dB데시벨 이상인 사람, 또는 한쪽 귀의 청력손실이 80dB 이상이고 다른 쪽 귀의 청력손실이 40dB 이상인 사람, 또는 두 귀에 들리는 보통 말소리의 명

료도가 50% 이하인 사람을 청각장애인으로 정의하고 있다. 전체 청각장애 인구의 80% 이상은 후천적 질환이 원인이다.

일반적으로 청각장애는 농聾 deaf과 난청hard of hearin으로 구분한다. 장애의 부위에 따른 청각장애 유형은 음을 전달하는 기관, 즉 외이外耳와 중이中耳에 이상이 있는 전음성傳音性 난청, 내이內耳에서 대뇌의 청각중추까지 포함하는 신경계에 이상이 있는 감각신경성感覺神經性 난청, 조음기관[12]調音器官과 청신경계의 이상이 중복된 혼합성混合性 난청으로 구분한다. 음을 전혀 듣지 못하는 청각장애인은 거의 없으며, 대부분 어느 정도의 소리를 들을 수 있는 잔존청력을 가지고 있다.

아동기 이전의 청각장애 발생 원인은 유전, 모체의 풍진, 감염, 수혈자의 혈액형 불일치, 조산, 뇌막염 등이다. 성인기에는 교통사고 등 사고에 의한 원인이 많다. 비유전적 원인은 예방접종과 치료를 통해 그 수가 줄고 있으나 교통사고나 산업재해와 같은 사고로 인한 청각장애는 증가하는 추세이다. 노인성 난청은 나이가 들어감에 따라 청각 능력이 점차 손실되는 현상이다. 남성의 경우 25세부터, 여성의 경우 30세부터 청각 능력 손실이 일어날 수 있다. 모든 사람은 노화의 진행에 따라 청력을 잃어가지만, 그 정도와 유형에서 차이를 보인다.

언어장애言語障礙

언어장애는 말을 바르게 발음하지 못하거나 정확하게 이해하지 못하는 상태를 지칭한다. 인간이 의사를 교환하는 데 주로 사용하는 언어를 이용한 커뮤니케이션이 잘되지 않는 경우를 넓은 뜻으로 언어장애라고 한다. 언어장애는 전혀 언어를 구사하지 못하는 것을 포함해 정도가 심한 말더듬증 등도 포함한다. 말에는 형식 면인 '음성'과 내용 면인 '의미'의 두 측면이 있는데, 커뮤니케이션은 말하는 사람이 말을 하고, 듣는 사람이 그것을 받아들이는 것으로 성립된다. 따라서 증상 면에서 본 언어의 장애는 형식 면의 장애와 내용 면의 장애로 구분한다.

형식 면의 장애에는 발성 기관에 생긴 기능 이상으로 말하기 어려운 상태인 구음장애[13]構音障碍, 토순[14]兎脣과 구개열[15]口蓋裂에 의한 발음 장애, 조구증[16]早口症이 있다. 내용 면의 장애에는 실어증[17]失語症, 언어발달의 지연이 있으며, 양자에 수반되는 것으로는 뇌성소아마비에 의한 언어장애를 들 수 있다. 말을 산출하는 과정에서 보면, 형식 면의 장애는 생리학적 과정, 내용 면의 장애는 언어학적 과정의 장애에 해당하지만, 정신병이나 치매痴呆와 같은 사고과정에 문제가 있어서 일어나는 장애도 있다.

안면장애顔面障礙

안면장애는 6개월 이상의 충분한 치료 후에도 노출된 안면부에 면상반흔[18]面相瘢痕, 색소침착[19]色素沈着, 조직의 비후[20]肥厚나 함몰[21]陷沒, 결손[22]缺損 등이 남아있는 상태이다. 노출된 안면부란 상지와 하지, 몸통 이외의 일상적으로 노출되는 부분을 말한다. 안면장애는 모세혈관 기형, 혈관종, 신경섬유종증[23]神經纖維腫症과 같은 질병이나 화상 등 다양한 원인으로 생길 수 있다. 안면장애는 성형외과·피부과 또는 외과화상의 경우·치과구강악안면외과 전문의, 치과 전속지도전문의[24]구강악안면외과가 있는 의료기관에서 진단받을 수 있다.

화상으로 인해 안면장애가 발생한 이들은 주위의 시선이 불편해 한여름에도 실내·외를 가리지 않고 모자나 마스크, 선글라스 등을 착용하는 사례가 있다. 무리하게 모자, 마스크, 선글라스 등을 벗게 하는 행동은 절대 금물이다. 피부에 화상을 입어 장애인이 된 경우 땀 배출이 잘 안 되는 등 온도와 습도에 대단히 민감할 수 있다. 냉방이 잘 되는 공간을 배려할 필요가 있다. 일상생활에 큰 불편을 겪지는 않지만, 심리적 스트레스가 상대적으로 큰 장애라 할 수 있다.

신체적 장애 중 내부장애

신체장애 중에는 외부로 쉽게 노출되는 장애가 있는가 하면 반대로 내부 장기의 상실이나 손상으로 인한 내부적 장애가 있다. 체내의 내부 장기가 상실되거나 손상된 상태이기 때문에 겉으로 표출되지 않는 사례가 대부분이다. 신장장애, 심장장애, 호흡기장애, 간장애, 장루·요루장애, 뇌전증장애로 구분한다. 장기가 제대로 기능하지 못해 생기는 장애로 질병이나 사고에 의한 후천성 장애의 비율이 높고, 장애인 중 중장년층이 많다는 특징을 갖는다. 모든 장애가 그렇지만 특히 일상생활이 현저히 제한된다.

신장장애腎臟障礙

흔히 콩밭이라고 부르는 신장이 손상돼 기능이 현저하게 떨어져 갖는 장애이다. 혈액 내 노폐물을 걸러내고 소변을 만드는 신장 기능에 이상이 생기는 상태다. 만성신부전증[25]慢性腎不全症으로 혈액투석[26]透析이나 복막[27]腹膜투석[28]을 받거나 신장이식을 받으면 신장장애로 구분한다. 보통 만성신부전증은 당뇨병이나 고혈압과 같은 질병에 의해 발생한다. 신장장애인은 혈액투석이나 복막투석을 지속해서 받는 사람과 신장이식을 받은 사람이다. 투석과

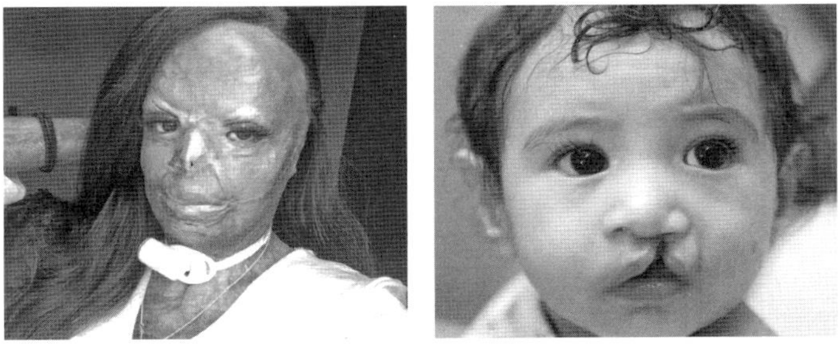

안면장애인을 대할 때는 각별한 에티켓이 필요하다. 무리해서 모자나 마스크, 선글라스 등을 벗으라고 강요해선 안 된다.

식이요법은 신장이 더 나빠지는 것을 막을 수 있는 치료법이다.

만성신부전증 환자는 신장이식 수술을 받지 않는 경우, 평생 투석요법 치료를 해야 한다. 혈액투석은 2~3일에 한 번씩, 주 3회 병원을 방문해 진행하고 1회 때 걸리는 시간은 대개 4~5시간이다. 복막투석은 1일 4회 투석액을 환자 스스로 교환하거나 기계를 이용해 진행한다. 투석요법은 자주 그리고 오래 치료해야 하는 특성상 사회적 활동에 제약이 많다. 신장이식을 한 경우라도 면역억제제를 지속 복용해야 한다. 감염에 노출되지 않도록 각별한 주의가 필요하다. 대한민국에서는 만성신부전증만 법정 장애인의 범주에 속한다.

국내 기준 인구 1000명 당 1.79건으로 전체 신장장애인 수는 8

만 8000명 안팎으로 추정된다. 전체 신장장애인 중 80% 전후가 혈액투석 또는 복막투석 치료를 하고 있고, 신장이식을 받은 경우는 20% 전후이다. 전체 투석 환자 중 투석을 처음 시작하는 연령대는 40대와 50대가 절반 이상을 차지한다. 지속적인 의료서비스를 받지 못하면 사망하거나 심각한 건강 악화가 발생하게 된다. 지속적인 의료비 지출로 인해 고액의 의료비 부담이 불가피해 가정경제가 피폐해져 빈곤층으로 전락하는 사례가 빈발한다.

심장장애心臟障礙

심장은 온몸에 혈액을 공급하는 장기로 심장의 손상으로 심부전증[29]心不全症 또는 협심증[30]狹心症, 심근경색[31]心筋梗塞 등이 발병해 일상생활에 상당한 제한을 받으면 심장장애로 구분한다. 심장이식을 받은 경우도 심장장애에 포함한다. 심장장애인은 인공 판막[32]板幕이나 심장박동기를 이식받은 경우가 많고 이들은 면역억제제 등의 약물을 복용한다. 후천적 질환에 의해 발병하는 경우가 63% 안팎이지만 선천적 원인에 의한 발병이 27%를 넘어서 다른 장애에 비해 선천적 원인의 비율이 매우 높은 편이다. 발병원인을 알 수 없는 경우도 10% 전후에 이른다.

심장장애인은 호흡곤란으로 일상생활은 물론 취업과 사회적 활동에 제한이 있을 수 있으며, 이로 인해 경제적 어려움이 뒤따르는 사례가 많다. 생활양식을 점차 서구화하고 노령인구가 증가함에 따라 만성 심장질환 발병률이 증가하고 있다. 하지만 의료기술이 크게 향상되면서 생존율은 높아지고 있다. 심장병 출현율은 인구 1000명당 0.14건으로 국내 심장장애인 수는 대략 7000명가량으로 추정한다. 남녀 성별에 따른 출현율 차이는 나타나지 않는다. 심장장애인은 꾸준히 약물을 복용하고 관리를 잘하면 직업생활을 할 수 있다. 다만 심장에 부담을 줄 수 있는 강도 높은 직무를 피해야 한다. 정기적인 병원 진료를 할 수 있는 배려가 필요하다.

간장애肝障礙

간장애란 간세포 손상으로 간 기능이 떨어져 일상생활이나 사회활동에 현저한 제한을 받는 상태이다. 간은 체외에서 유입되거나 체내에서 생성된 각종 물질을 가공 처리하고, 중요한 물질을 합성해 공급하고, 혈액을 저장하는 역할과 함께 면역기관의 역할을 한다. 간이 이처럼 체내에 중요한 기능을 수행하기 때문에 간 기능이 심하게 떨어지면 여러 가지 문제가 발생할 수밖에 없다. 간장애인은 간의 만성적 기능부전과 그에 따른 합병증 등으로 인한 간 기능장애로 일상생활에 현저한 제약을 받는 사람이다. 간경변[33]肝硬便, 간암 등 만성 간 질환을 앓는 환자가 최초 진단 이후

1년이 지나고, 2개월 이상의 적극적인 치료에도 불구하고 장애가 지속하면 간장애인으로 구분된다.

간장애인은 구토, 피로, 식욕부진, 헛배부름, 소화불량, 황달 증상, 체중감소 등을 동반한다. 잇몸과 코에서 피가 나기도 하고 얼굴이 흑갈색으로 변하거나 목 또는 가슴에 거미줄 모양의 혈관종이 생긴다. 장애의 대부분이 중·고령층에 발생한다. 인구 1000명당 0.25명 장애가 있어 1만 2000명 전후의 간장애인이 있는 것으로 추정된다. 간 이식받은 비율이 87%가 넘는다. 간장애인은 꾸준히 약물을 복용하고 관리를 잘하면 직업을 갖는 데 큰 무리가 없다. 간장애인이 직업을 갖게 되면 정기적인 병원 치료에 임하도록 배려해야 한다.

호흡기장애呼吸器障礙

폐나 기관지 등 호흡기관의 기능에 이상이 생겨 호흡곤란이 있고, 이로 인해 일상생활에 상당한 어려움이 있는 상태를 호흡기장애로 구분하고 이러한 사람을 호흡기장애인이라 한다. 호흡기장애인의 호흡량은 비장애인의 1/3 이하로 매우 낮다. 폐나 기관지 등의 만성적인 기능부전을 동반한다. 구체적으로는 만성 호흡기증 부전이 있는 환자로 진단받고 1년 경과 후 2개월의 적극적인 치료에도 불구하고 장애가 지속되면 호흡기장애인이라 한다. 선천적 장애는 없고 95%가 질환, 5%가 사고에 의해 발생하는 장애이다.

호흡기장애의 발생 원인은 흡연과 세균 감염 등 외부 원인에 장기간 노출이 절대적이다. 염증이나 면역체계 이상으로 염증이나 병변이 지속하는 등 내부 요인에 의해 발생하기도 한다. 세부적으로는 만성폐쇄성폐질환, 기관지천식, 기관지확장증, 기관 종양, 성대마비, 폐섬유증[34], 흉곽 기형 흉막질환, 수면무호흡증후군 등이 있다. 호흡에 문제가 생기면 체내 산소결핍이 생기고 이산화탄소가 과잉 축적되는 등의 장애가 생기게 된다. 인구 1000명당 출현율은 0.29건으로 국내에 1만 4000명 이상의 장애인이 있는 것으로 추정한다. 쾌적한 환경 속에서 생활하고 일하는 것이 중요하다.

장루·요루장애腸瘻·尿瘻障礙

장루腸瘻란 대장 또는 직장암 절제술 후 대변을 항문으로 배설시킬 수 없을 때 대변을 장에서 관을 통하여 복부 밖으로 배출될 수 인공배설 통로를 개통해 놓은 것을 의미한다. 요루尿瘻란 방광암, 방광 절제술 등으로 소변이 정상적인 경로로 배출되지 못할 때 회장回腸과 요관尿管을 연결해 복부로 소변이 배출되도록 만드는 길을 의미한다. 이렇듯 장루와 요루 조성 후 1년이 지난 시점에 복원 수술이 불가능하다는 진단을 받으면 장루 및 요루 장애로 구분한다. 결장루, 회장루, 요루의 기능장애로 일상생활이나 사회활동에 현저히 제한받는 이들을 장루·요루장애인이라 한다.

장루·요루장애인은 남성이 여성보다 2배가량 많다. 하지만 남성은 선천적 장애가 없는 반면 여성은 전체 장애인의 12%가량이 선천적이어서 대조를 보인다. 장루장애의 원인은 직장암, 대장암, 자궁암 등 중증의 질병으로 발생하며 드물게 각종 사고가 원인인 예도 있다. 요루의 원인은 대부분 방광암이며 흔치 않게 방광결핵이나 방광경화증 등으로 방광 자율신경이 마비되는 예가 있고, 또한 수뇨관이나 요도의 종양, 협착증, 결석 등으로 인한 예도 있다. 장루와 요루 장애인은 무거운 짐을 들거나 오래 서 있는 일과 같이 복부에 힘이 들어가는 업무는 피해야 한다.

뇌전증장애腦電症障礙

발작이란 인간의 뇌를 구성하고 있는 수천억 개의 뇌 신경 세포 중 일부가 짧은 시간 과도한 전류를 발생시켜 나타나는 이상이다. 이러한 발작이 두 번 이상 자발적으로 반복해서 생기는 것을 뇌전증腦電症이라 한다. 과거에는 간질癎疾이라고 부르기도 했다. 발작은 질환이 아닌 하나의 증상이며 뇌전증은 고열 등의 특별한 유전 인자 없이 장기간 반복적으로 발작을 하는 만성 질환이다.

뇌전증에 의한 뇌 신경 세포의 장애로 일상생활이나 사회생활에 제약을 받아 다른 사람의 도움이 필요할 때 뇌전증장애로 구분한다.

뇌전증쟁애인은 평소 아무런 이상이 없다가 몇 초에서 길게는 2~3분 정도 발작 증상을 보이다가 증상을 멈춘 후 다시 평소 상태로 돌아온다. 증상이 있는 몇 분을 제외하면 비장애인과 같이 일상생활을 할 수 있다. 약물치료로 증상이 일어나지 않도록 관리할 수 있고, 증상이 일어나기 전 전조증상을 느끼므로 쉬거나 안정을 취하는 방법으로 컨디션 조절이 가능하다. 인구 1000명당 0.46건이 발생해 2만 3000명가량의 뇌전증장애인이 있는 것으로 추정한다. 선천적 원인이 9%가량이고, 후천적 원인은 질환과 사고가 각각 40%와 18%로 보고되었다. 발작 시 주위에 위험한 물건을 치우고, 안경을 벗겨주며 넥타이, 단추, 허리띠 등을 풀어주는 조치를 해야 한다.

정신적 장애

정신적 장애는 정신장애와 발달장애인 지적장애와 자폐성 장애로 구분한다. 정신적 장애는 정서나 사고의 혼란이 장기화해 나타나는 정신장애와 구분된다. 정신장애와 함께 연령에 맞는 발달이 더디게 나타나는 발달장애를 포함해 정신적 장애라는 범주에 넣는다. 정신적 장애의 세 가지 유형은 신체의 손상이 없다는 공통점을 갖는다. 신체적 손상은 없지만, 정신적 손상으로 인해 일상생활이나 사회생활에 상당한 제약을 받는다. 신체적 손상이 없다 보니 외관상으로는 장애 유무를 확인하기 어렵다.

정신장애情神障礙

정신장애는 단순 병리학적 용어가 아니라 정신병과 정신질환의 개념을 포괄하는 사회·역사적 개념이다. 뇌의 기능적 혹은 기질적 손상과 사회 심리적 요인에 의해 발생한 정신질환이라고 할 수 있다. 다시 말해 '정신질환'은 정신적 기능의 상실로 정상적 일상생활을 제한하는 질환의 총칭이다. 세부 종류는 매우 다양하다. 기이하고 괴상한 행동 특성, 반사회성을 드러내는 사이코패스, 극도의 불안이나 두려움을 보이는 성격장애가 있다. 우울하거나 매우 고양된 상태가 심한 기분 장애도 있다. 조현병[35]調絃病을 비롯해 정신증적 장애도 있다. 의식이나 기억, 자기 정체감의 급격한 변화를 동반하는 해리[36]解離성 장애도 정신장애에 포함된다.

이밖에도 공황장애, 강박장애, 외상후스트레스장애 등으로 표출되는 불안장애도 정신장애의 한 종류다. 잠을 너무 많이 자거나 잠을 이루지 못하는 수면장애도 있다. 병적으로 한 가지에 중독되는 중독통제장애도 포함된다. 식욕부진이나 폭식을 일삼는 신경성섭식장애도 있다. 심리적 원인이 신체에 나타나는 건강염려증과 같은 신체형장애도 포함된다. 변태성욕이나 성기능장애를 비롯한 성장애 및 성정체성장애도 있다. 기억상실증을 비롯한 인지성장애도 정신장애이다. 물질에 의존하고 중독증을 보이는 물질 관련 장애도 정신장애에 포함된다.

지적장애知的障礙

지적장애는 선천적 또는 후천적 원인, 질병, 정신질환 및 뇌 장애로 인하여 지능이 비장애인보다 낮아 타인보다는 일상생활이 조금이라도 힘든 정신적 장애이다. 정신적 장애 중에는 편견이 적은 편이어서 그나마 사회가 감싸고 이해해 주는 장애라 할 수 있다. 전체 인구의 2% 정도로 가장 흔하게 나타난다. 법적으로 지적장애에 해당하려면 낮은 지능과 적응 행동상 결함이 함께 나타나야 한다. 한국에서는 지능 지수 최대치가 70 이하일 때 지적장애로 규정한다. 만일 지능이 70 미만인데 교육이나 재검사로 70 이상으로 올라가면 지적장애가 아닌 경계선 지능으로 본다.

국가마다 지적장애 기준이 다른데 IQ 75 이하를 지적장애로 정의하는 나라가 많지만, 대한민국의 기준은 70 이하로 외국보다 기준이 낮은 편이다. 주의집중력과 기억력이 부족하고, 복잡한 돈 계산을 어려워한다. 선천적 원인이 30%를 웃돌고 원인 불명이 50%에 가깝다. 나머지는 사고나 질환 등 후천적 요인에 의해 발생한다. 인구 1000명당 4.41건으로 출현해 국내 전체의 지적장애인은 21만 8000명 전후로 추정된다. 작업능률은 높지 않으나 반복적 교육과 훈련을 통해 단순노무직 등의 업무는 충분히 수행할 수 있다.

자폐성 장애自閉性障礙

마지막으로 자폐自閉성 장애는 자폐증과 더불어 자폐증과 관련된 전반적 발달장애 및 자폐 스펙트럼을 아우르는 장애이다. 지적장애와 함께 발달장애로 분류하지만, 자폐성 장애만 발달장애라고 가리키기도 한다. 전두엽[37]前頭葉이 발달하지 못하지만, 반대로 측두엽[38]側頭葉과 후두엽[39]後頭葉은 크게 발달해서 시각적 분석 능력은 매우 뛰어나다는 것이 자폐성장애인의 큰 특징 중 하나이다. 장애가 없는 사람이라면 관심을 두지 않고 넘어갈 법한 특정 사물이나 도형에 강하게 집착하는 것도 이런 이유 때문이다. 대부분의 자폐성장애인은 '듣는 것'이나 '읽는 것'보다 '보는 것'에 더 집착한다. 그래서 사진이나 그림, 영상 등이 없이 언어만으로 학습하는 것이 불가능하다.

자폐성장애는 다른 정신적 장애와 마찬가지로 근·현대에 들어서 생긴 개념이며, 그 후에야 장애로 인정되었다. 그러나 정신적 장애보다도 장애로 인정받는 데 늦었다. 선천적 원인이 40%에 가까워 매우 높다. 출생시 원인도 10%를 넘어선다. 원인불명이 45%를 웃돌고 질환에 의한 원인은 3%대이다. 사고로 인한 원인은 없다. 자폐성장애는 타인과 눈 맞춤을 못 하고, 소통이 어렵다는 특징을 갖는다. 그래서 '자신의 세계에 갇혀 지내는 것 같은 상태'라 하여 자폐라는 이름이 붙었다. 한국에서는 1970년대 이후 발달장애로 인정되기 시작했다. 반복적 교육과 훈련을 통해 단순 직무 수행이 가능하다.

Chapter Two

장애,
존중의 대상이 되다

장애인과 인권

인간은 누구나 인간답게 살기를 원한다. '인간다운 삶'이란 뚜렷한 기준이 없다. 다만 '행복감을 느끼며 고통스럽지 않게 사는 것'을 의미한다고 할 수 있다. 그러나 행복감을 느끼는 정도는 사람마다 다르다. 각자의 가치관과 신념에 따라 인간다운 삶에 대한 평가는 달라질 수 있다. 그런데도 인간다운 삶을 살기 위해서는 객관적인 생활 조건이 갖춰져야 한다. 경제적으로 고통받지 않기 위해 일정한 소득과 일자리가 보장되어야 하는 것이 첫째이고, 기본적인 교육을 받아 문화적 소양과 지식을 갖추고 다양한 취미 및 여가 생활을 할 수 있어야 한다. 더해서 깨끗하고 쾌적한 환경에서 건강을 누릴 수 있는 조건을 갖추고 있어야 한다.

인간다운 삶을 산다는 것은 인권을 보장받고 산다는 것을 의미한다. 인권은 인간으로서 기본적으로 누려야 할 권리이다. 모든 인간은 어떠한 외부 차별을 받지 않고, 기본권을 누리며 행복하게 살 권리가 있다. 인권을 이야기할 때 빠지지 않는 말은 '모든 인간'이다. 인권을 누리는 대상에서 누구도 예외일 수 없다는 의미이다. 누군가에게 보장되고 누군가에게는 보장되지 않는다면 그것은 이미 인권이 아니다. 인권은 모든 인간에게 동일하게 주어지는 권리이다. 그래서 하늘로부터 부여받은 권리라는 의미에서 '천부인권'이란 말을 사용하기도 한다.

장애인권은 소수인 장애인이 다수인 비장애인과 동등한 대우를 받아야 한다는 기본 전제에서 출발한다. 장애인은 비록 비장애인보다 소수지만 그들과 마찬가지로 인간의 존엄성을 지니고 있다. 그러므로 기본적인 권리를 누릴 수 있어야 하고, 동등한 대우 받아야 한다. 장애인뿐 아니라 그동안 소수자 또는 사회적 약자라는 이름으로 소외됐던 많은 부류가 이전보다 개선된 인권 환경 속에서 살아가고 있는 것은 맞지만 여전히 건강권, 거주 이주권, 접근권, 및 생활권, 노동권, 교육권, 이동권 및 보행권, 보육권, 문화향유권, 선거권 등 기본적인 권리에서 소외당하는 사례는 넘쳐난다. 소수자 중 장애인에게 초점을 맞춰 그들의 인권을 증진하기 위한 사회 운동을 '장애인인권운동'이라고 한다.

장애인의 인권 보장을 요청하는 선언문이 있으니 바로 유엔이 채택한 '장애인 인권 헌장'이다. 장애를 이유로 사회의 여러 분야에서 드러나게 또는 드러나지 않게 차별받는 것에 대해 비장애인과 동등한 대우를 요구하는 내용을 담고 있다. 유엔의 장애인 인권 선언을 바탕으로 대한민국은 우리나라의 특수성을 고려하여 '한국 장애인 인권 헌장'을 선포하였다. 한국 장애인 인권 헌장은 총 14장으로 구성되어 있다.

대한민국 국가인권위원회가 설치된 이후 꾸준히 국민 인권감수성 향상을 위해 노력했고, 국민 의식 수준이 향상하면서 장애인을 비롯한 사회적 약자와 소수자에 대한 인권의식은 상승하였다. 하지만 대한민국은 여전히 구미 선진국 등과 비교해 다수의 국민이 뒤떨어지는 인권의식을 갖고 생활하고 있다는 것이 일반적인 견해이다. 특히 장애인에 관한 인권의식은 과거와 비교할 때 괄목할 신장을 보인 것은 맞으나, 그런데도 아직 갈 길이 멀다. 여전히 인권의 사각지대에 놓은 장애인의 수가 많고, 의료적 모델이 주도적 패러다임으로 작용하면서 집단시설에 수용된 장애인의 수가 많다는 사실만으로도 장애 인권은 더욱 신장해야 할 단계임이 드러난다.

장애인에 대한 차별이 사회 곳곳에서 진행되고 있는 가운데 가장 심각한 수준을 보이는 분야 중 하나가 고용이다. 장애인이 사회에서 받는 차별과 소외를 받고 있음이 고용의 차별을 통해 극명히 드러난다. 다수의 기업은 장애인을 고용할 경우 생산성이 떨어진다고 생각하여 채용을 꺼리고 있다. 법적 의무고용 비율을 지키지 못해 범칙금으로 고용을 대신하는 쪽을 선택하는 기업이 많다. 심지어는 공공기관도 의무고용비율을 지키지 못하는 사례가 있다. 대부분 사업장은 인권이 아닌 노동생산성에 기반한 자본주의의 논리로 고용을 판단하고 있다.

장애인 당사자와 그 가족들, 인권활동가들의 부단한 노력으로 2008년 '장애인차별금지법'이 통과되었고, 이후 대한민국 사회에서 공공과 민간 모든 분야에서 장애인에 대한 차별을 없애기 위한 노력은 부단히 이어졌다. 의식교육도 보건복지부가 주관하는 '사회적장애인식개선 교육'과 고용노동부가 주관하는 '직장내장애인식개선 교육'을 의무교육화하면서 전 국민의 장애 인권의식과 장애인의 근로에 대한 인식이 크게 개선되었다. 다만 장애인에게 일자리를 주어 자립할 기회를 제공할 뿐 아니라 자아실현을 이루도록 해주는 것이 최고의 장애인인권 실천이란 사실에 대해서는 인식이 다소 부족해 보인다.

장애인의 날

1972년부터 매년 4월 20일에 민간단체가 '재활의 날'을 정해 운영해 오던 중 1981년부터 국가가 이날을 '장애인의 날'로 정해 기념행사를 하고 각종 부대행사를 개최했다. 장애인의 날을 4월 20일로 정한 것은 4월이 1년 중 모든 만물이 소생하는 계절이라는 점 때문이었다. 만물이 소생하듯 장애인의 재활 의지를 북돋우고 부각할 수 있다는 데 의미를 둔 것이다. 굳이 20일을 정한 것은 4월에 많은 여러 기념일과 중복을 피하기 위해서였다고 한다.

같은 해인 1981년 유엔총회는 '장애인의 완전한 참여와 평등'을 주제로 '세계 장애인의 해'를 선포하고 세계 모든 국가에서 기념사업을 추진하도록 권장했다. 대한민국도 '세계 장애인의 해' 기념사업의 목적으로 1981년 4월 20일 '제1회 장애인의 날' 기념행사를 개최했다. 기념식에서 장애인 인권선언문을 낭독했고, 장애인 복지유공자 포상, 장애 극복상 시상, 장애인 수기 발표, 축하 공연 등이 이어졌다. 이날을 전후한 약 일주일간을 '장애인 주간'으로 정하고 여러 가지 행사도 개최했다.

장애인의 날을 당시 정부의 법정기념일 축소 방침에 따라 법정기념일로 지정받지 못했다. 그러던 중 1989년 12월 개정된 '장애인복지법'에 맞춰 1991년부터 '장애인의 날'이 법정기념일로 공식 지정되어 오늘에 이르고 있다. 장애인의 날은 관련 기념행사를 하는 형식적인 면뿐 아니라, 다수 국민이 장애인을 깊이 이해하고 복지 증진의 필요성을 인식하는 기회를 얻는다는 의미가 있다. 1997년부터는 '올해의 장애 극복상'이 제정되어 장애인복지에 기여한 장애인을 발굴·시상하고 있다. 장애인의 날을 전후해 매년 각 지방자치단체 및 장애인 단체별로 체육대회를 비롯해 장애인이 참여하는 다채로운 기념행사를 펼치고 있다.

국내 장애인의 날과는 별도로 유엔은 1992년에 매년 12월 3일을 '세계 장애인의 날'로 제정했다. 유엔은 '세계 장애인의 날' 지정 배경에 대해 70억 인구 중 15%를 차지하고 있는 '세계에서 가장 큰 소수 집단'임에도 불구하고 제대로 된 대우를 받지 못하고 있기 때문이라고 밝히고 있다. 정신적 장애부터 육체적 장애까지 다양한 장애인이 비장애인보다 폭력에 많이 노출되고 상대적으로 교육의 기회를 박탈당하는 경우가 많다는 문제점이 점차 주목받았다. 유엔은 이에 대한 대책 마련에 착수해 재정적인 지원을 하고 관련 간행물을 발행하는 등의 활동을 통해 문제 해결에 나서기 시작했다.

유엔은 장애인과 비장애인 모두가 혜택받는 방안을 모색하며, 장애인을 위한 여러 대책을 마련하고 있다. 특히 비장애인에게 장애에 대한 정확한 지식을 제공해 무지로 인한 실수를 저지르지 않도록 교육하는 데 앞장서고 있다. 유엔은 매년 장애인 단체 및 민간단체와 더불어 기념행사를 진행한다. 제시되는 주제에 따라 토론하고, 새로운 계획이나 프로젝트가 있으면 발표하고, 그에 대한 가능성에 관해 의견을 주고받는다. 또한, 시상식을 열어 장애인 고용에 우수한 성과를 보인 기업이나 그 밖에 장애인 생활 개선을 위해 노력한 기업이나 단체 등을 수상한다.

직접차별과 간접차별, 정당한 편의 제공

장애인차별금지법은 '정당한 사유 없이 제한·배제·분리·거부 등에 의하여 장애인을 불리하게 대해선 아니 된다.'라고 명시하고 있다. 이 조문은 장애인차별금지법의 핵심이다. 장애인이라는 이유로 정당한 사유 없이 차별을 당하는 사례는 우리 주변에 넘쳐난다. 사회에 만연해있는 장애인에 대한 차별을 원천적으로 차단하기 위해 제정된 법이 장애인차별금지법이다. 장애인차별금지법의 핵심어는 '제한' '배제' '분리' '거부'이다. 정당한 사유 없이 이 4가지 차별을 할 수 없도록 했다.

직접차별의 사례는 많다. 특수학급이 없다는 이유를 들어 장애 학생의 입학을 거부한 학교장의 결정은 정당한 사유 없이 장애인을 제한하고 거부한 사례이다. 장애를 이유로 월세 집을 계약하지 않은 집주인도 역시 제한과 거부라는 방식으로 차별한 사례이다. 다른 손님이 불편해한다는 이유를 대며 장애인 손님의 출입을 막은 식당 주인도 마찬가지이다. "장애인이 집에나 있지 왜 밖에 다니느냐?"며 승차를 거부한 버스기사도 이유 없는 차별을 한 사례다. 이러한 사례 외에도 장애를 이유로 취업을 제한하거나 출입을 막은 사례는 우리 주위에 얼마든지 있다.

간접차별의 형태로 장애인에게 불이익을 안기고 마음에 상처를 주는 사례도 있다. 이 또한 장애인차별금지법에서 원칙적으로 금지하고 있다. 장애인차별금지법은 '형식적으로는 제한·배제·분리·거부 등에 의하여 불리하게 대하지 아니하지만 정당한 사유 없이 장애를 고려하지 않는 기준을 적용하여 장애인에게 불리한 결과를 초래하는 경우'를 간접차별로 규정하고 있다. 간접차별은 직접적인 차별은 아니지만, 장애인의 특성에 맞게 배려하지 않음으로서 차별을 경험하게 하는 행위이다.

지적장애인에게 핸드폰을 팔면서 요금제, 약정 등을 쉽게 설명하지 않고 계약한 경우, 지체장애인이 이용해야 하는 건물에 엘리베이터나 경사로 없이 계단만 설치한 경우, 청각장애인에게 영어 듣기평가 점수 기준을 비장애인과 똑같이 평가하는 경우, 손이 불편한 장애인에게 비장애인과 동일한 시험시간을 주고 시험을 보게 한 경우 등등이 간접차별에 해당한다. 직접적인 차별을 한 것은 아니지만 결과적으로는 차별한 것으로 보아야 하는 경우가 간접차별이라 할 수 있다.

장애인과 관련된 업무를 처리하거나 학습을 하다 보면 '정당한 편의 제공'이란 말이 자주 등장한다. 이는 장애인차별금지법에 명시된 내용이다. 국가인권위원회법이나 다른 차별 관련 법률에는 존재하지 않는 '정당한 편의'라는 개념이 장애인차별금지법에는 담겨있다. 그 의미는 '장애인이 장애가 없는 사람과 동등하게 같은 활동에 참여할 수 있도록 장애인의 성별, 장애의 유형 및 정도, 특성 등을 고려한 편의시설·설비·도구·서비스 등 인적·물적 제반 수단과 조치'이다. 이 용어는 장애인권리협약 및 미국장애인법에 명시된 '합리적 편의'가 국내법에 도입되면서 정당한 편의라는 말로 갈아탄 것이다.

정당한 편의라는 의미는 대단히 광범위하다. 공공장소에 계단이 설치돼 있으면, 휠체어를 이용하는 장애인에게 인력 지원을 하거나 경사면을 설치해 휠체어 통행이 불편하지 않게 조치하는 것부터 장애인 관련 법령이 규정한 제도적 의무를 시행하는 것까지 모두 포함한다. 정당한 편의 제공의 사례는 생활 주변에서 무수히 많이 발견할 수 있다. 하나하나씩 바로잡아 나가고 정착시켜 나가려는 노력이 모두에게 필요하다. 정당한 편의가 제공되면 장애는 장애가 될 수 없다. 장애가 없는 다수에 맞춰 사회 시스템이 운영되고 있으므로 장애인은 사회 속에서 살아가는데 그만큼 어려움을 겪고 있는 것이다.

학교에 재학 중인 장애 학생이 교육 과정에서 정당한 편의 제공이 이루어지지 않고 있는 사실에 대해 국가인권위원회에 진정해 국가인권위원회가 이에 대한 시정을 권고한 사례가 있다. 국가인권위원회는 장애 학생은 교육기관 내 각종 시설을 장애인이 아닌 학생과 동등하게 이동할 권리가 있으므로, 강의실 이외의 시설에 대한 자유로운 접근 및 이용 등에 정당한 편의를 제공하지 않는 행위는 차별로 판단하고, 해당 학교에 장애 학생의 학습권 보장을 위해 교육 시설을 재배치하거나 이동편의시설 등을 마련할 것을 권고했다.

이동권과 관련해 국가인권위원회가 국토교통부에 시정을 권고한 사례도 있다. 문제의 발단은 고속버스와 시외버스 등 시외 이동을 위한 교통수단에 휠체어 리프트가 설치되지 않은 것에서 출발했다. 장애인들은 이런 사실을 국가인권위원회에 진정했고, 인권위는 이를 받아들여 국토교통부 등에 광범위한 시정을 권고했다. 국가인권위는 서울시가 운영하는 관광용 시티투어 버스가 장애인의 이동권 보장을 위해 정당한 편의 제공을 등한시한 것과 관련해 휠체어 사용 장애인이 이용할 수 있도록 휠체어 승강 설비 등 장애인 편의시설을 마련할 것을 서울시에 권고했다.

이 밖에 장애 학생에게 "학교에 계단이 많아 도보가 아니면 다니기 어렵다."라고 통보해 교육권을 침해한 학교도 시정 권고를 받았다. 각종 사용요금 고지서를 점자나 큰 글씨로 제공하지 않은 기업도 정당한 편의 제공을 외면해 시정 권고를 받았다. 청각장애인 피고에게 수화나 구화, 텍스트 제공 등의 형태로 재판 내용을 설명하지 않은 채 재판을 진행한 법원도 정당한 편의 제공을 하지 않은 것에 대해 시정 권고를 받았다. 장애가 있는 민원인에게 "담당 직원이 알아서 해줄 테니 기다려라."라며 시각 또는 청각장애인용 민원서류를 준비해주지 않은 관공서도 역시 시정 권고를 받았다.

하지만 예외가 적용되는 예도 있다. 장애인차별금지법이 금지한 차별행위를 하지 않음에 있어서 과도한 부담이나 현저히 곤란한 사정 등이 있는 때와 특정 직무나 사업 수행의 성질상 불가피한 때를 차별로 보지 않는 정당한 사유로 규정하고 있다. 해당 의무자의 규모, 성격, 재정 능력 등에 비추어 볼 때 과도하다고 여겨질 정도의 상당한 곤란이나 비용이 요구되는 사례, 경영상의 곤란에 처하게 되는 사례 등이 해당한다. 예를 들어 건물소유주와 임차 사업주가 달라서 편의 제공 의무가 있는 자에게 막상 인력 채용이나 증원의 권한이 없는 경우 등이다. 특정 직무나 사업 수행의 성질상 불가피한 경우, 자격이나 능력을 보유하지 못한 장애인을 제한·배제·분리·거부 등에 의해 불리하게 대하는 것은 정당한 사유가 있다고 인정해 차별로 보지 않는다.

베리어 프리(BF)와 유니버설 디자인

베리어 프리Barrier Free는 고령자나 장애인과 같은 사회적 약자가 살기 좋은 사회를 만들기 위하여 물리적이며 제도적인 장벽을 허물자는 운동과 시책이다. '장애물'을 의미하는 '베리어'와 '자유'를 의미하는 '프리'를 합한 말로 '장애물로부터 자유로운 환경'을 뜻한다. 1974년 6월 유엔 장애인생활환경전문가협회에 의해 '장벽이 없는 건축 설계'라는 보고서가 알려지면서 건축 분야에서 사용되기 시작해 일본, 스웨덴, 미국 등지에서 시작하여 세계로 확산하였다. 여전히 건축 분야를 중심으로 확산하고 있다.

국내에도 지난 2015년 이후 '장애인·노인·임산부 등의 편의 증진 보장에 관한 법률' '교통약자의 이동편의 증진법' '장애물 없는 생활환경 인증에 관한 규칙'이 개정되면서 장애인 등 이동 약자들이 개별시설물과 지역을 접근·이용·이동함에 있어 불편을 느끼지 않도록 계획·설계·시공·관리 여부를 공신력 있는 기관이 평가하여 인증하는 'BF인증제도'를 운영하고 있다. 공공시설이나 교통시설, 공동주택 등은 이후 BF인증을 필수로 받아야 하는 시설로 규정하고 있다. 그러나 민간시설의 경우 아직 의무적으로 인증을 받도록 규정하지는 않고 있다.

이와 함께 '보편적인 디자인' 혹은 '모든 사람을 위한 디자인'이라고 해석할 수 있는 유니버설 디자인이 일반화하고 있다. 도입 초기에는 고령자나 장애인과 같이 신체가 불편한 사람이 생활에 불편하지 않도록 하는 유니버설 디자인 개발에 초점이 맞춰졌으나, 이후 연령과 성별, 국적(언어), 장애의 유무 등과 같은 개인의 능력과 개성의 차이와 관계없이 처음부터 누구에게나 공평하고 사용하기 편리한 제품, 건축, 환경, 서비스 등을 구현하는 디자인으로 의미가 발전했다.

유니버설 디자인은 1990년대 미국 노스캐롤라이나 주립대학의 유니버설디자인센터에서 근무한 로널드 메이스가 처음 제창했다. 로널드 메이스는 장애 당사자로 휠체어를 타고 다녔다. 장애 당사자가 장애인의 생활환경 개선을 위해 도안한 것이 발전을 거듭하여 누구나 공평하게 이용할 수 있도록 제품을 디자인하는 것이 공감을 얻었다. 영국은 1995년 사회적 약자를 위한 디자인 관련

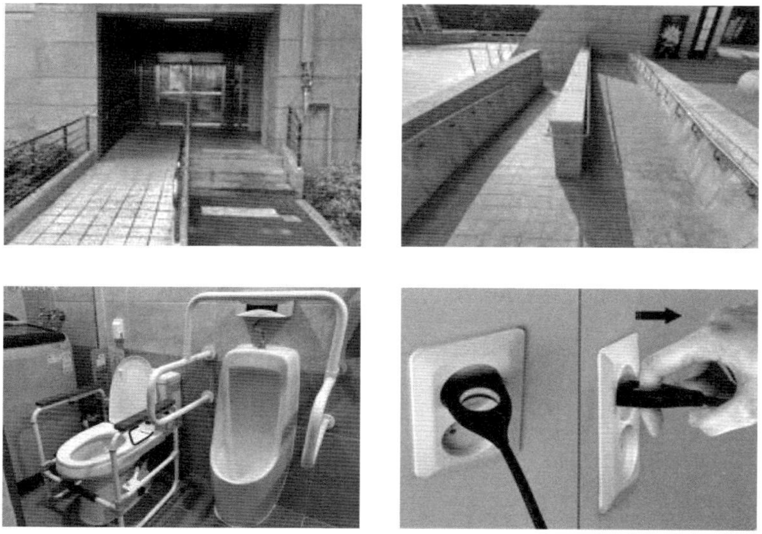

누구나 불편없이 이용할 수 있는 건축설계와 생활디자인이 새로운 모델로 주목받고 있다.

법안이 제정되면서 모든 건물에 휠체어 통로와 엘리베이터가 생겼다. 정확한 지도와 표지판 등을 설치해 복잡한 런던을 누구나 편리하게 다닐 수 있도록 만들었다.

이어 일본의 시즈오카현은 도시 전체를 유니버설 디자인으로 리모델링하여 공원과 지하철 등의 도시 시설에서부터 상점과 숙박 시설 전시회장 등 도시 전체 시절에 걸쳐 편리성을 추구하기 시작했다. 이러한 세계적 추세에 발맞춰 대한민국은 경기도가 최초로 '유니버설 디자인 가이드라인'을 개발했고, 이것이 다른 지방자치단체로 확산해 공공시설물을 중심으로 유니버설 디자인을 도입하는 사례가 늘고 있다. 생활용품을 중심으로 누구에게나 편하고 이용이 가능한 디자인이 속속 개발되며 새로운 트렌드로 자리를 잡아가고 있다.

유니버설 디자인의 7가지 원칙은 첫째 누구나 공평하게 이용할 수 있고, 둘째 사용하는 데 자유로우며, 셋째 사용법이 간단하여 쉽게 사용할 수 있으며, 넷째 필요한 정보를 곧바로 이해할 수 있고, 다섯째 무심코 실수나 위험에 빠지지 않는 디자인이어야 하고, 여섯째 무리한 자세를 취하는 일 없이 적은 힘으로도 편하게 이용할 수 있으며, 일곱째 취급하기 쉬운 공간과 크기로 제작하는 것이다. 일자형 레버식 문손잡이나 발판을 낮춘 낮은 저상형 버스, 보도의 높이와 버스 바닥의 높이가 일치하도록 만든 버스 정류장, 지하철역과 지상을 연결해 주는 엘리베이터 등이 대표적이다.

장애인과 고용

어느 사회를 막론하고 장애는 사회적 소외를 동반한다. 장애로 인한 의학적 손상이나 기능적 활동 제약은 장애인의 생산활동이나 사회참여를 가로막는 요인이 된다. 이런 이유로 장애인은 고용에서 소외돼 빈곤하게 생활할 수밖에 없는 구조를 만들었다. 이러한 모순된 구조를 탈피하고 장애인이 인격체로 대우받기 위해서는 직업을 갖는 것이 무엇보다 중요하다. 또한, 직업을 갖는 것은 자립 생활의 기초가 될 뿐 아니라 사회적 소통을 강화하고 자아실현을 통해 인간다운 삶을 살 수 있도록 하는 의미가 있다.

대한민국은 장애인과 국가유공자를 법률에 따라 의무고용 적용대상자로 지정하고 있다. 장애인은 장애인복지법 시행령 제2조에 따른 장애인 기준에 해당하는 자이고, 국가유공자는 국가유공자 등 예우 및 지원에 관한 법률 시행령 제14조3항에 따른 상이 등급에 해당하는 자이다. 장애인복지법 시행령에서 장애의 정도에 따라 '장애의 정도가 심한 장애인(중증장애인)'과 '장애의 정도가 심하지 않은 장애인(경증장애인)'의 두 단계로 구분한다. 이전에는 등급을 나눠 복잡하게 구분하였으나 2019년 9월부터 현재의 두 단계 구분으로 바뀌었다. 장애인은 장애인등록증이나 장애 유형별 전문의가 발행한 장애 진단서가 있어야 의무고용 적용 대상자가 된다.

국가와 지방자치단체의 장은 소속 공무원 정원의 3.4% 이상을 장애인으로 채용해야 한다. 그러나 공안직군 공무원, 검사, 경찰·소방·경호 공무원 및 군인 등에 대해서는 고용의무를 적용하지 않는다. 중증장애인 고용은 그 인원의 2배에 해당하는 장애인을 고용한 것으로 본다. 국가나 지방자치단체가 공무원이 아닌 근로자를 고용할 때도 장애인 의무고용률이 적용된다. 50명 이상의 공무원이 아닌 근로자를 고용하는 국가나 지방자치단체는 그 근로자 총수의 3.4% 이상에 해당하는 공무원을 채용하도록 규정하고 있다. 국가나 지방자치단체는 공무원이나 공무원이 아닌 근로자를 장애인을 고용의무 숫자만큼 고용하지 못했을 때 고용부담금을 내야 한다. 하지만 의무고용률을 초과해 장애인 근로자를 고용하더라도 고용장려금을 받을 수는 없다.

민간사업주도 상시 근로자 50명 이상 규모는 장애인 의무고용이 적용된다. 의무고용률은 3.1%이다. 사업주 가운데 공공기관의 운영에 관한 법률에 따른 공공기관, 지방공기업법에 따른 지방공사와 지방공단, 지방자치단체 출자·출연기관의 운영에 관한 법률에 따른 출자기관·출연기관은 민간과 달리 3.4%의 의무고용률이 적용된다. 고용의무를 적용할 때 1개월 근로시간이 60시간 미만이거나 16일 미만인 근로자는 의무고용인원 산정에서 제외된다. 장애 정도가 심한 중증장애인의 경우 근로시간과 관계없이 최소 근로일수가 16일 이상이면 근로자로 인정된다.

장애인의 고용을 확대해 그들에게 인간다운 삶을 보장해주고자 정부는 고용을 의무화하는 법률을 제정함과 동시에 장애인 취업에 대한 직장인의 인식을 높이기 위해 사업주와 직장인을 대상으로 하는 '직장내장애인인식개선 교육'을 의무화했다. 장애인고용촉진 및 직업재활법 제5조의2 및 시행령의 개정으로 2018년 5월 29일부터 모든 사업주는 직장내장애인인식개선 교육을 연 1회 1시간 이상 의무적으로 실시하도록 했다. 교육을 통해 인식개선을 선행하는 것이 고용을 확대하는 데 절대적으로 필요하며, 고용보다 선행적으로 인식개선이 필요하다고 판단한 것이다.

직장 내 장애인 인식개선 교육은 '장애의 정의 및 장애 유형에 대한 이해', '직장 내 장애인의 인권', '장애인에 대한 차별금지 및 정당한 편의 제공', '장애인고용촉진 및 직업재활과 관련된 법과 제도', '그 밖에 직장 내 인식개선에 필요한 사항의 내용'을 담도록 했다. 연 1회 1시간 이상 장애인 인식개선 교육을 하지 않은 사업주에게는 300만 원 이하의 과태료가 부과된다. 교육은 한국장애인고용공단 홈페이지에 첨부된 교재나 교육용 동영상을 활용할 수 있고, 전문강사에게 위탁하여 교육할 수도 있도록 했다. 다만 상시근로자 50인 미만 사업체는 간이 교육자료의 배포, 게시 등을 통해 교육을 대신할 수 있도록 했다. 교육은 반드시 한국장애인고용공단이 진행한 과정에 참여해 교육을 이수하고 관련 자격을 얻은 강사를 통해 진행하는 것을 원칙으로 하고 있다. 미자격 강사의 교육은 인정되지 않는다.

장애인표준사업장

정부가 장애인의 고용 확대를 위해 벌이고 있는 각종 시책 가운데 하나가 장애인표준사업장 지원이다. 경쟁 노동시장에서 직업 활동이 곤란한 중증장애인의 안정된 일자리를 창출할 목적으로 운영하는 사업장이다. 장애인에게 일자리를 제공한다는 본래의 목적 외에도 장애인과 비장애인이 함께 하는 사회통합 기반을 조성한다는 부가적 목적도 갖는다. 또한, 장애인 중심의 작업환경 기준을 제시하여 중증장애인 친화적 환경을 조성한다는 목적도 갖는다. 장애인 표준사업장은 법률에서 정하는 요건을 충족하고 한국장애인고용공단의 인증 절차를 통과해야 한다.

장애인 표준사업장은 '장애인고용촉진 및 직업재활법' 시행규칙 제3조에 따라 설립된 사업장이다. 장애인 근로자 수가 최소 10명 이상이어야 하고, 전체 상시 근로자의 30% 이상이 장애인이어야 한다. 또, 상시근로자 수에 따라 다소의 차이가 있지만 상시근로자 수의 15% 이상을 중증장애인으로 고용해야 한다. '장애인·노인·임산부 등의 편의증진 보장에 관한 법률'에 따른 편의시설을 갖추고 있어야 하며, 최저임금법에 따른 최저임금액 이상의 임금을 지급할 것 등의 요건을 모두 갖추어야 한다.

장애인 표준사업장으로 지정되면 갖가지 혜택이 부여된다. 일정액의 무상지원금을 받을 수 있고, 장애인을 다수 고용하고 있는 장애인 표준사업장이 생산하는 물품과 용역을 공공기관이 우선 구매하도록 제도를 마련하고 있다. 또한, 일반 사업장이 장애인표준사업장에서 생산하는 물품이나 용역을 적극적으로 구매할 수 있도록 정부와 지방자치단체가 판로 개척을 지원해 장애인이 안정되게 일자리를 유지할 수 있도록 하고 있다. 우선구매 지원 외에도 소득세와 법인세를 감면해 사업장이 안정적으로 운영될 수 있도록 하고 있다. 표준사업장은 3가지 형태로 구분된다.

자회사형 장애인 표준사업장

장애인고용의무사업주(모회사)가 장애인 고용을 목적으로 일정 요건을 갖춘 자회사를 설립할 경우, 자회사가 고용한 장애인을 모회사가 고용한 것으로 간주하여 고용률에 산입할 수 있도록 했다. 자회사형 장애인표준사업장은 고용인원에 따라 최대 10억 원의 무상지원금을 받을 수 있다. 간접고용을 통해 모회사는 고용부담금을 감면받게 되고, 자회사는 고용장려금을 받을 수 있다. 사회적 약자에 대한 사회적 책임을 이행하게 됨은 물론이고 기업 이미지를 제고하는 등의 간접적인 효과도 누릴 수 있다.

사회적경제기업형 표준사업장

정부는 사회적기업 또는 사회적경제기업을 설립할 때 장애인표준사업장 전환을 전제로 초기 사업비용의 일부를 지원하고 있다. 사회적기업이나 협동조합 등 사회적경제기업을 설립하거나 설립하여 운영하던 중에 장애인 표준사업장으로 인증받은 사업주도 지원 대상에 포함된다. 최대 5000만 원 한도에서 1회에 한해 지원해주고 있다. 마을기업이나 자활기업, 농어촌공동체회사 등도 지원 대상에 포함된다. 지원비는 상품개발비, 홍보 및 마케팅비, 기자재 구입비 등으로 사용할 수 있다.

컨소시엄형 표준사업장

중소기업이 지방자치단체나 기타 공공기관과 공동으로 투자하여 장애인 표준사업장을 설립한 경우, 기존 자회사형 표준사업장과 마찬가지로 투자비율만큼 해당 기관의 의무고용인원으로 인정해주고 있다. 또한, 이들 사업장에 설립지원금을 지원해주는 한

편 고용된 장애인에 대해 맞춤훈련도 지원해준다. 장애인의 취업을 알선하는 일도 지자체와 공공기관이 맡게 된다. 이러한 제도는 중증장애인의 고용에 대한 국가책임을 실현하는 것을 목적으로 한다. 장애인에게는 양질의 일자리를 제공할 수 있을 뿐 아니라 안정되게 고용을 유지할 수 있다는 장점이 있다.

장애인 기업

장애인의 일자리 마련은 취업에 국한하지 않는다. 장애인이 창업을 통해 원하는 사업을 벌일 경우에도 다양한 지원책을 통해 성장할 수 있도록 제도를 통해 적극적으로 지원하고 있다. 장애인기업은 장애인이 소유주이거나 경영 주체이면서 기업에 고용된 상시 근로자 중 장애인 비율이 30% 이상인 기업을 말한다. 구체적으로는 장애인이 그 회사의 대표권이 있는 임원으로 등기된 회사이다. 다만, 회사가 공동대표 체제이면 장애인인 공동대표가 소유하는 주식의 수가 비장애인 공동대표가 소유하는 주식의 수와 같거나 많은 회사에 한한다. 장애인이 소득세법과 부가가치세법 규정에 따라 사업자등록을 한 법인이 아닌 개인사업체도 장애인기업이다. 장애인기업에는 세제 혜택과 공공구매를 통한 판로지원 등의 다양한 혜택이 지원된다.

장애인의 창업과 기업활동을 적극적으로 촉진하고자 2005년 7월 '장애인기업활동 촉진법'이 제정되었다. 이 법에 따라 중소기업청장은 매년 초에 장애인 기업활동촉진위원회의 심의를 거쳐 장애인기업의 활동을 촉진하기 위한 기본계획을 수립하고 이를 추진해야 한다. 공공구매 판로지원 혜택을 희망하는 장애인기업은 장애인기업종합지원센터 홈페이지에 신청서를 제출한 뒤 구비 서류를 보완하고 전문평가위원의 현장 방문 절차를 거쳐 지원 대상 기업으로 확정되는 절차를 거치게 된다. 최종 승인은 중소벤처기업부 장관이 한다.

장애인기업을 창업하고자 할 때도 (재)장애인기업종합지원센터의 도움을 받을 수 있다. 사업화에 적합한 아이템을 가진 업체에 대해서는 센터 명의로 사업장을 임차하여 3년에 추가 2년을 더해 최장 5년까지 창업보육서비스를 받을 수 있다. 장애인인 예비창업자와 업종전환을 희망하는 기 창업자도 창업교육, CEO경영혁신교육 등의 혜택을 받을 수 있다. 지원받을 수 있는 업종은 서비스업, 도·소매 및 유통업, 음식업 등 입지중심형 업종이다. 다만 창고, 단순 사무실 및 제조공장 등은 지원 업종에서 제외된다. 비영리 법인이나 비영리 개인사업자 등도 지원에서 제외된다.

왜 직업이 필요한가

인권의 개념, 사회복지의 개념이 도입되기 전 장애인의 삶은 비참할 수밖에 없었다. 쓸모없는 사람, 불필요한 사람으로 여기는 풍토가 일반적이었고, 그나마 호의를 가졌던 사람은 불쌍한 사람, 도와주어야 하는 사람으로 여기는 것이 고작이었다. 하지만 제2차 세계대전이라는 인류역사상 가장 큰 상처를 남긴 전쟁이 끝나고 무고한 사람이 무려 5000만 명이나 목숨을 잃은 것을 비롯해 헤아릴 수 없이 많은 사람이 장애인이 되고, 고아가 되고, 삶의 터전을 잃은 것을 보고 인류는 비로소 참회하기 시작했다. 그래서 유엔이 생겨났고, 세계인권선언과 함께 인권문제에 관심을 두게 됐다.

인권문제는 소위 사회적 약자에 대한 보호와 차별금지에서 시작되었다. 사회적 약자로 분류되는 많은 집단 가운데 장애인도 한 축을 이루었다. 제2차 세계대전 이후에는 전 인류에게 사회복지의 개념도 빠르게 확산하였다. 인권과 사회복지 개념이 움트기 시작하며 가장 먼저 손을 댄 분야는 기아로부터 인류를 구하는 일이었다. 생활 능력이 없고, 당장 굶주림의 고통에 놓여 생사의 문턱을 넘나드는 이들에게 당장 먹을 것을 지원해주는 일이 시급했다. 국제구호단체가 생겨났고, 국가별로 형편에 맞는 사회복지가 정부와 민간단체를 중심으로 시작되었다.

역시나 첫 단계의 인권과 사회복지의 포커스는 생존으로부터 사회적 약자를 구하는 일이었다. 생활 능력이 없고, 빈곤에 허덕이던 다수의 장애인에게 식량과 난방 연료 등이 보급되기 시작했다. 인간이 누려야 할 가장 기본권이라 할 수 있는 생존권을 지켜주는 일이 무엇보다 시급했다. 이것이 초기 사회복지의 모습이라 할 수 있다. 생존의 문제를 해결한 후 다음의 당면한 과제는 행복추구였다. 장애인도 다른 누구와 마찬가지로 인간으로서 행복을 추구할 권리가 있음을 인정하고 이 부분에 초점을 맞춰 복지적 지원이 시작됐다.

행복추구권과 맞물려 괄목할 성과는 2008년 제정된 장애인차별금지법이었다. 장애인차별금지법은 장애인이 비장애인과 동일한 기준으로 사회적 서비스를 받을 수 있도록 개선하는 데 초점이 옮겨지는 역할을 했다. 이동권 보장을 비롯해 장애인이 일상의 생활을 하는 데 있어 비장애인과 비교하면 차별받고 있는 부분을 해결하고 문제점을 해소하는 데 주력할 수 있게 됐다. 생존의 문제를 해결하는 것이 최선이라고 여기던 시절과 비교하면 진일보한 사회보장이라고 할 수 있다.

대부분 사람의 인권의식과 사회보장 의식은 이 단계에 머물러 있는 경우가 많다. 생존의 문제를 해결하고 기타 행복추구권과 관련한 기본적 권리를 누릴 수 있게 됐으니 사회 차원에서 장애인에게 할 도리를 다한 것이란 의식을 갖는 이들이 의외로 많다. 하물며 오랜 세월 반복적인 교육을 통해 '일하지 않는 자, 먹지도 말라'는 강한 신념을 갖게 된 한국인 가운데는 행복추구권 단계의 장애인 인권과 복지 제공의 수준에도 이르지 못한 이들도 많다. 그러니 그다음 단계의 복지로 나아가는 데 곳곳에서 문제점이 노출되고 있다.

행복추구권을 실현했다고 인간의 모든 욕망이 잠재워지는 것은 아니다. 인간은 더 나은 교육을 받고 싶고, 업무나 사회관계를 통해 자신의 지위나 능력을 인정받고 싶어 하는 강한 욕망이 있다. 이것을 자아실현의 욕구라고 표현한다. 그렇다면 자아실현의 욕구를 실현하는 방법은 무엇일까. 많은 방법이 있겠지만, 가장 포괄적이고 가장 궁극적인 해결책은 직업을 갖고 그 직업을 통해 자신의 존재감을 확인하는 것이다. 인간은 아무런 노력 없이 혜택을 받는 것보다 자신의 능력을 발휘해 그 보상을 받기를 강하게 희망한다.

그래서 최근의 장애인 인권과 복지가 지향하는 가장 큰 목표는 장애인에게 일자리를 제공하고, 스스로 능력을 발휘해 사회에서 인정받게 하는 것이다. 나아가 스스로 직업을 통해 대가를 보상받고, 그 보상으로 당당하게 경제적으로 자립할 수 있게 하는 것이다. 이런 사실을 배경으로 한 명이라도 더 많은 장애인에게 취업과 창업의 기회를 얻게 하는 것이 장애인복지의 핵심으로 부상하고 있다. 장애인에게 일자리를 제공하는 것은 가장 완성도 높은 복지이면서 인권을 보장하는 일이라는 의식도 날로 확산하고 있다.

이러한 인식을 기반으로 장애인 일자리 문제를 생각해야 한다. 단순하게 생산력이 떨어지는 장애인에게 일자리를 제공하고 대가를 지급하는 것은 비효율적이고, 비생산적이며, 역차별이라고 생각하는 것은 시대착오적인 발상이다. 세상의 모든 현상을 자본의 논리로만 바라보면 인권과 복지는 설 자리를 잃는다. 조세를 통해 소득을 재분배하는 것은 현대 자본주의사회의 갖가지 문제점을 해결하는 가장 합리적인 방법이다. 장애인에게 일자리를 주기 위해 활동 보조원을 고용하는 것은 경제 논리, 자본의 논리로만 생각하면 답이 없는 짓이다. 하지만 생각을 가다듬어 더불어 사는 삶을 생각하면 가치 기준을 얼마든지 바뀔 수 있다.

장애인 관련 에티켓

장애인은 장애를 가졌을 뿐 비장애인과 똑같은 감정과 감성을 가진 사람이다. 불필요한 말과 행동으로 장애인에게 상처를 주는 일은 삼가야 한다. 가장 조심해야 할 부분은 지나친 동정이나 자선을 베풀지 말아야 한다는 점이다. 장애인은 늘 대등한 대우를 받기 원하며 자신의 존재감을 인정받고 표출하고자 한다. 이런 사실을 염두에 두고 장애인을 대해야 한다. 장애인을 만나면 자연스럽게 대하고, 그가 도움을 요청할 때만 도움을 주면 된다. 과잉친절을 삼가고 꼭 도움을 요청할 때만 도움을 줘야 한다는 것이 장애인을 대하는 에티켓에서 가장 중요한 사항이다.

시각장애인 관련 에티켓

시각장애인 중 전혀 볼 수 없는 전맹은 극소수이며 대부분은 희미하게 명암과 색깔을 구분할 수 있는 잔존 시각이 있음을 알아야 한다. 시각장애인과 인사를 나눌 때는 먼저 이름을 말하고 악수를 청한다. 길을 안내할 때는 비장애인보다 구체적으로 정확히 말해주는 배려가 필요하다. 식사할 때 식기의 위치와 내용물에 대해 작은 소리로 설명해 주면 좋다. 음식 위치는 시계방향으로 안내한다. 의자에 앉게 할 때는 등받이에 손을 갖다 대게 하여 확인시킨다. 돈을 건넬 때는 화폐 단위를 설명해 주고 한 장식 건넨다.

청각장애인 관련 에티켓

대개의 청각장애인은 상대의 입 모양을 보고 메시지를 이해한다. 일부는 언어를 구사할 줄 안다는 사실을 알아야 한다. 청각장애인이 대화하고자 할 때는 구화나 수어, 문자 등을 이용하면 좋다. 구화를 할 때는 입 모양을 크게 하여 천천히 말해야 한다. 함께 일할 때는 시범을 통해 설명해 주면 좋다. 여럿이 있을 때 청각장애인을 힐끗거리며 쳐다보거나 수군거리지 않아야 한다. 수어를 사용할 때는 가슴 높이에서 양어깨 안쪽에서 큰 동작으로 절도 있게 하면 이해도가 상승한다. 중요한 내용은 확실히 전달되었는지 확인하는 게 좋다.

지체장애인 관련 에티켓

가장 조심해야 할 부분은 뇌성마비 등 뇌병변장애인을 지적장애인이라고 오인해선 안 된다는 사실이다. 뇌병변은 뇌의 특정 부위가 손상돼 발생하는 비진행성 증후군으로 대개 지능에는 이상이 없고, 오히려 지능이 아주 높은 사람이 있다. 휠체어 이용자 등이 곤란한 상황에 부닥치면 반드시 도움 여부를 확인한 후 도움을 준다. 길에서 휠체어나 목발 등을 이용하는 장애인을 만나면 지나갈 수 있게 길을 열어준다. 비가 올 때는 지체장애인이 우산을 들기 어려우므로 이를 고려해 도와준다. 편의시설을 먼저 이용할 수 있게 양보하고 보조기구는 늘 장애인 옆에 두게 한다.

지적장애인 관련 에티켓

비장애인과 똑같은 인격을 가진 존재이므로 깍듯하게 인사하고 함부로 반말하지 않아야 한다. 화폐에 대한 개념이 없는 경우가 많으므로 돈 계산을 할 때는 거스름돈과 영수증을 보호자가 반드시 확인할 수 있게 해준다. 한글을 모르는 지적장애인과 식당을 동행할 경우, 메뉴판을 읽어주거나 그림을 보여주면서 음식을 설명해 준다. 힐끗거리며 쳐다보거나 일부러 피하는 일은 삼가야 한다. 반복 연습을 통해 간단한 일을 할 수 있다는 사실을 인정하고 인내심을 갖고 일하는 과정을 지켜보고 격려해 준다.

자폐성장애인 관련 에티켓

자폐성장애인은 눈을 못 맞추는 경우가 많으므로 항상 눈을 쳐다보게 한 후 대화를 시도한다. 질문에 대답이 오래 걸릴 수 있으므로 질문 후 기다려준다. 농담이나 비유를 이해하기 어려우므로 피하는 것이 좋다. 낯선 장소나 익숙하지 않은 절차, 낯선 사람, 예측하지 못하는 상황 등에 심하게 불안해 할 수 있으므로 잘 대처한다. 비장애인에게는 별스럽지 않을 수 있는 음악, 소음, 냄새 등에 민감할 수 있으므로 이를 배려한다. 순간 대처 능력이 떨어질 수 있으므로 특별히 주의한다. 자폐성 장애인 중에는 음악이나 숫자 등에 아주 뛰어난 기억력을 가진 사람이 있다. 하지만 그것은 생활에 필요하지 않은 것들이 많다.

Chapter Three

장애인, 일을 하다

⠨⠶⠗⠫

⠨⠶⠗⠫ ⠊⠽⠨⠕⠣⠒⠴⠁⠝

장애인차별금지 및 권리구제 등에 관한 법률 (장애인차별금지법)

사회 곳곳 현실 속에서 이루어지는 장애인에 대한 차별은 오랜 세월 지속되었다. 장애인에 대한 차별은 어쩌면 관행처럼 이루어지는 것이어서 문제의식 자체가 희박했다. 자신이 차별을 일삼으면서도 그것이 차별이라는 인식조차 하지 못하는 경우가 많았고, 인식은 하지만 그것이 잘못된 일이란 생각을 하지 못하는 경우도 많았다. 나와 다르다는 이유만으로 타인을 차별하는 것이 인권 침해라는 사실을 깨닫고 삼가는 이들도 많지 않았다. 지속적인 교육과 계몽을 통해 인식이 개선됐다고는 하지만 장애인을 차별의 대상으로만 여기는 이들은 사회 곳곳에 여전히 존재하고 있다.

장애인 당사자와 가족을 중심으로 장애인 차별의 특수성을 고려해 장애인 삶의 전 영역과 전 생애를 통해 그들이 마주하게 되는 차별을 해결할 수 있는 법률 제정의 필요성이 강하게 제기되기 시작했다. 그 단초를 마련한 것은 '열린 네트워크'와 '장애우권익문제연구소'라는 두 개의 사회단체였다. 이들은 2002년 각각 '장애인차별금지법(안)'과 '장애차별금지법(안)'을 작성해 법률 제정을 위한 첫걸음을 내디뎠다. 이듬해인 2003년 1월 25일에는 '한국장애인단체총연맹'과 '한국장애인단체총연합', 양대 단체에 속하지 않은 소규모 단체의 모임인 '제3그룹'의 실무자가 첫 모임을 하고 구체적 활동 계획을 수립했다.

2003년 4월 15일에는 앞선 모임의 성과로 '장애인차별금지법 제정 추진연대(장추련)'를 결성해 공식 출범하였다. 이런 노력의 결과로 2007년 3월 6일 출석 국회의원 197명 중 196명이 찬성해 '장애인차별금지법'이 국회를 통과했다. 이어 4월 4일 당시 노무현 대통령이 서명하고, 4월 10일 자 관보에 게재되는 절차가 진행됐다. 1년 뒤인 2008년 4월 11일을 기해 시행되었다. 이렇듯 장애인차별금지법은 여러 사람의 오랜 노력 끝에 어렵게 제정 과정을 거쳤다. 대한민국 장애인 역사에 새로운 이정표를 마련한 사건이다.

장애인차별금지법은 장애인의 평등권을 보장하고 사회참여를 실현하여 인간으로서의 존엄이 골고루 지켜지도록 하는 데 목적을 두고 있다. 제4조 제1항 제1호의 '정당한 사유 없이 장애인에게 제한·배제·분리·거부에 의해 불리하게 대할 수 없다'라는 조문은 이 법의 핵심 요체이다. 이 법이 금지하고 있는 차별의 유형은 정당한 이유 없이 장애인에게 불이익을 주는 '직접차별', 장애인의 처지를 고려하지 않아 실질적 불리함을 안겨주는 '간접차별', '편의시설에서 장애인에게 서비스 제공을 거부하는 행위', '광고에 장애인에 대한 거부와 불리한 대우를 명시하는 행위' 등이 포함된다.

장애인차별금지법은 장애를 이유로 차별을 받은 장애인 또는 그 사실을 아는 사람은 국가인권위원회에 시정과 권리 구제를 진정할 수 있도록 했다. 진정을 접수한 국가인권위원회는 조사를 벌여 차별로 인정되면 구제 조치를 권고하게 된다. 정당한 이유 없이 인권위의 권고를 무시하면 법무부장관의 시정명령을 받게 된다. 이 법에서 국가 및 지방자치단체는 공공시설과 프로그램 운영에 있어서 장애인의 참여를 특별히 고려하고 정당한 편의를 제공하도록 규정하고 있다.

장애인차별금지법에서 주목할 것은 장애인 당사자뿐 아니라 장애인 관련자와 보조견 또는 보조기구에 대한 차별까지 폭넓게 금지하는 내용을 담고 있다는 점이다. 장애인 관련자라 하면 장애인을 돕기 위한 목적으로 장애인을 대리하거나 동행하는 자를 지칭한다. 가족이나 활동보조사를 비롯해 장애인을 돕는 모든 사람이 포함된다. 시각장애인을 비롯해 일부 장애인은 보조견을 동반하는 사례가 많다. 아울러 일부 장애인은 보조기구를 착용하거나 휴대하는 사례가 많다. 이러한 보조기구의 정당한 사용을 방해하는 행위에 대해서도 금지하는 내용을 장애인차별금지법은 담고 있다.

또 한 가지 이 법에서 눈여겨볼 대목은 광고에 의한 차별을 금지하고 있다는 점이다. 제4조 제1항 제4호는 "정당한 사유 없이 장애인에 대한 제한·배제·분리·거부 등 불리한 대우를 표시 조장하는 광고를 직접 행하거나 그러한 광고를 허용 조장할 수 없다"라고 명시하고 있다. 방송에서 장애인에게 반말하는 일, 방송에서 장애인을 '불우한 이웃' '불쌍한 존재'로만 촬영하여 방영하는 일, 방송이나 광고에서 장애인을 제한하거나 거부하는 내용을 나타내는 일 등이 모두 금지의 대상이다.

장애인 고용차별의 사례

손가락이 없으면 회사에 나쁜 이미지를 준다?

A씨는 화상을 입어 왼손의 2개 손가락을 잃었다. 왼손에 손가락 3개만 있는 지체장애인인 A씨는 P홍보대행사에 입사 지원해 1차와 2차 면접을 모두 통과하였다. 어려운 입사의 관문을 통과해 기쁜 마음으로 첫 출근을 했지만, A씨는 황당한 일을 겪었다. 일과를 마치고 퇴근 후 P회사 사장으로부터 전화가 걸려왔다. 사장은 "장애가 있는 손으로 인해 회사에 나쁜 이미지를 줄 수 있어 홍보대행사 일이 적합하지 않은 것 같다. 내일부터 출근하지 말아라."라고 일방적으로 통보했다. A씨는 너무도 황당한 상황에 할 말을 잃었다. 장애를 이유로 한 고용의 차별이었다.

A씨는 이 같은 사실이 장애인차별금지법 위반이라고 판단하고 국가인권위원회에 진정했다. 인권위는 장애가 있는 사람을 채용

하지 않거나 해고하려면 그 사람이 해당 직무를 수행할 수 없을 것이라는 객관적이고 합리적인 근거를 제시해야 한다고 보았다. P사의 사장은 장애 존재와 업무수행 성질상의 불가피한 인간관계에 대해 객관적 근거를 제시하지 못했고, 단지 고객을 상대하는 서비스업의 특성상 장애인이 업무를 수행하기 곤란하다고 주장하는 것은 차별적 고정관념일 뿐이라는 결론을 내렸다. 인권위는 장애인 차별에 해당한다고 판단하였다. 그러나 A씨가 복직을 희망하지 않아 인권위는 P사 사장에게 손해배상을 권고했다.

청각장애인도 똑같은 영어시험점수를 내라고?

중증 청각장애인인 B씨는 이공계열을 전공한 대학졸업 예정자이다. B씨는 입사 희망 회사의 신입사원 채용 공고를 보고 크게 실망했다. 응시자의 지원자격 중 영어능력시험 기준이 자신이 생각했던 것보다 매우 높았기 때문이었다. 중증 청각장애인인 자신이 도저히 받을 수 없는 점수가 제시돼 있었다. B씨는 중증 청각장애인이 도저히 받을 수 없는 점수의 벽에 가로막혀 결국 입사원서 제출을 포기했다. B씨는 청각장애인에게 불리한 지원자격에 문제의식을 느끼고 국가인권위원회에 진정서를 제출했다.

국가인권위는 이 건이 청각장애인에 대한 간접차별이라고 판단했다. 영어능력시험 점수 기준을 건청인과 청각장애인에게 같은 기준을 제시하는 것은 장애 상태를 전혀 고려하지 않은 것으로 청각장애인에게 불리한 결과를 초래할 수밖에 없다고 본 것이다. 또 사업주가 모집한 채용 예정 직무 내용을 고려하면 영어를 사용하는 의사소통 능력이 직무 수행에 본질적으로 필요한 요건이라고 보기에 어렵다고 판단했다. 인권위는 이에 따라 해당 사업주에게 채용 시 영어능력자격시험 점수를 책정할 때 중증장애인 응시자에게는 장애의 특성을 반영해 별도의 적용 기준을 적용할 것을 권고했다.

아픈데 병원도 마음대로 못 가나요?

교사인 C씨는 소아마비로 인한 중증 지체장애인이다. C씨는 관절염 등의 치료를 위해 병원에 다녀야 했기 때문에 병가를 자주 사용할 수밖에 없는 형편이었다. 병가는 무리 없이 이용할 수 있었다. 문제는 이후에 벌어졌다. 교육부가 교원 성과평가 기준의 학교 공헌도 항목에서 지각, 조퇴, 병가, 연가의 합산일이 5일을 초과하는 자에 대해 불리한 평가를 했다. 병가를 자주 사용한 C씨는 상대적으로 타 교원에 비해 낮은 점수를 받을 수밖에 없었다. C씨는 이러한 상황이 불합리하다고 판단하여 국가인권위원회에 진정을 접수했다.

인권위는 고용차별에 해당한다고 판단하고 교육부장관에게 교원의 성과평가 시 장애인 교원에게 불리한 결과가 초래되는 사례가 재발하지 않도록 각 시·도교육청 및 각급 학교에 대한 지도 감독을 강화할 것을 권고했다. 장애인은 재활 기능평가, 치료 등을 위해 근무 시간의 변경이나 조정 편의 등을 받을 수 있는데도 불구하고 재활 또는 치료 목적의 병가 사용에 대해 교육 당국이 불이익을 줌으로써 교사의 성과급 지급에 불리한 대우를 초래한 것은 명백한 차별행위에 해당한다고 본 것이다.

통계로 보는 장애인

대한민국에는 얼마나 많은 장애인이 살고 있을까. 장애의 기준은 국가마다 다르고, 시대에 따라 변천한다. 과거에는 장애로 분류되지 않던 유형이 훗날 장애의 범위에 포함되는 사례가 있고, 어떤 나라에서 장애에 포함되는 것이 어느 나라에서는 장애에 포함되지 않는 사례도 있다. 그러니 장애의 범주를 어디까지 인정할 것인가에 따라 한 국가에서 해당 시대를 살아가고 있는 장애인의 수와 비율은 변하게 된다. 대한민국은 의료적 손상 정도로 장애 기준을 정하려는 경향이 있어 다른 국가들과 대조를 보인다.

국가마다 장애를 바라보는 관점은 차이를 보인다. 대한민국처럼 의료적 손상과 그에 다른 기능 수행 여부인 기능적 측면으로 장애를 파악하려는 국가가 있고, 특정한 일을 어느 정도 수행할 수 있는지를 기준으로 하는 노동능력 측면으로 장애를 규정하는 국가가 있다. 환경적 요인에 의해 불이익을 받는 조건 등으로 장애를 바라보는 사회적 측면으로 장애를 파악하는 국가도 있다. 어느 관점에서 장애를 바라보는가에 따라 적용 범주가 달라질 수 있고, 사회적 인식도 차이가 난다.

미국과 유럽 등 구미 선진국은 장애의 범주가 대단히 포괄적인 특징을 갖는다. 미국은 고도비만을 장애로 분류하는 것이 독특하다. 북유럽 일부 국가는 임산부를 장애인에 포함하기도 한다. 스웨덴은 의사소통이 어려운 외국 이민자나 타인 의존자 등을 장애인으로 인정한다. 장애에 대한 부정적 인식이 없거나 희박해서 가능한 일이다. 어떤 국가에서는 암이나 에이즈 등 난치병 질환자를 장애의 범주에 포함하기도 한다. 이처럼 기준이 다른 만큼 전체 인구 대비 장애인이 차지하는 비율을 절대 비교하는 것은 불가능하다.

통계적으로 대한민국의 장애인은 전 인구의 5~6% 안팎이라고 보면 된다. 대략 250만~260만 명이 대한민국 법이 인정하는 15개 유형에 속하는 장애인으로 등록돼 있다. 과거에는 장애의 등급을 세분화하여 급수로 장애 정도를 나타냈지만, 2019년 법 개정을 통해 이후 중증과 경증으로 나누어 구분하고 있다. 250만 명이 넘는 장애인 가운데는 외관상 장애가 전혀 드러나지 않는 장애인도 있고, 그렇지 않은 장애인도 있다. 250만 명은 경상북도 인구와 비슷한 숫자라고 생각하면 이해하기 쉽다. 국내 가구 기준으로 약 6가구당 1가구에 장애인이 거주하는 것으로 통계가 잡힌다.

장애인의 연령을 살펴보면 전체의 3/4 이상이 50세 이상이다. 특히 65세 이상이 차지하는 비중은 전체의 46%를 넘는다. 50~65세가 차지하는 비중은 30% 전후이다. 고령화가 다른 어느 국가보다 빠르게 진행되고 있는 대한민국은 장애 노인이 지속 증가하고 있다. 장애의 발생은 사고나 질병 등에 의한 후천적 원인이 90% 가까운 수치를 보인다. 질병과 사고를 비교하면 질병으로 인한 원인이 55% 이상, 사고로 인한 원인이 30% 이상으로 파악된다. 후천적 요인에 의한 장애가 월등히 높은 비중을 차지한다는 것은 누구랄 것 없이 장애인이 될 수 있음을 의미하는 것이다.

장애인의 경제적 현황에 대한 통계도 있다. 장애인 가구는 전체 가구와 비교할 대 월평균 소득이 낮은 편이다. 전체 가구의 월평균 소득을 100으로 볼 때 장애인 가구의 월평균 소득은 70%를 밑돈다. 점차 개선되고 있지만 아직은 많은 차이가 발생하고 있다. 월평균 가계지출액도 마찬가지이다. 소득이 상대적으로 적은 만큼 지출 규모도 적을 수밖에 없다. 지출 규모도 전체 가구와 비교할 때 70%를 밑도는 수준이다. 이 또한 개선되고 있지만 아직은 격차가 크다. 사정이 이렇다 보니 전체 기초생활보장수급자 중 장애인 가구가 차지하는 비율은 상승하고 있다.

고용률과 실업률의 차이도 크게 나타난다. 15세 이상 전체 인구의 고용률이 60%를 넘어설 때 장애인 인구의 고용률은 35% 전후를 나타내 큰 폭의 차이를 보였다. 실업률도 전체 인구가 3.5~4%일 때 장애인은 6%를 넘어서는 것으로 조사돼 대조를 보였다. 실질적인 경제활동인구라 할 수 있는 15~65세의 통계도 다르지 않다. 비장애인의 고용률이 65%를 넘어설 때 장애인은 50% 안팎에 머물렀다. 실업률은 전체 인구가 4% 전후인 데 반해 장애인은 6~7%의 비율을 보였다. 장애인 고용 확대를 위해 국가와 사회 모두가 관심을 가져야 하는 이유이다.

장애인 일자리가 가야 할 방향

정부와 사회의 노력과 장애에 대한 국민의 인식이 개선됨에 따라 장애인의 경제활동은 아직 만족할 수준은 아니지만, 점차 증가하고 있다. 하지만 개선되는 의식 수준과 각종 수치를 통해 추상적으로만 받아들이는 것은 다소 미흡한 점이 있다. 고용의 질을 분석해볼 필요가 있다. 장애인은 취업을 통해 일자리를 갖게 되더라도 전문성 있는 고소득 직종에 취업하는 비율이 제한적이다. 단순 노무직에 종사하는 이들의 비율이 높고, 그런 만큼 저임금이 구조화돼 있는 사례가 많다. 정규직이 차지하는 비율도 비장애인에 비해 높다. 장애인의 일자리는 지금까지 수적 팽창에 전력했다면, 이제는 질을 높이기 위해 고민해야 한다.

취업한 장애인 근로자의 업무 형태를 분석한 결과 2010년 단순

노무의 비율은 43.1%였다. 7년 후인 2017년에는 38.6%로 줄어들었다. 하지만 여전히 전체 근로자와 비교했을 때 단순노무직 종사의 비율이 높다. 임금의 수준도 2010년 조사 때 전체 근로자 평균이 194만 원일 때 장애인 근로자는 134만 원에 그쳤다. 7년 후인 2017년에도 임금 격차는 크게 개선되지 못했다. 전체평균 임금은 242만 원으로 조사됐지만, 장애인 근로자는 178만 원을 받는 데 그쳤다. 정규직 비율은 2010년 조사 때 전체 근로자가 66.9%였던 데 반해 장애인 근로자는 36.8%에 머물렀다. 2017년 조사 때도 67.1% 대 40.6%로 조사돼 격차는 줄어들지 않았다.

위에서 살펴본 통계는 시사하는 바가 크다. 장애인의 일자리를 수적으로 늘리는 것만큼 질을 높이는 데도 관심을 가져야 한다는 숙제를 안겨주고 있기 때문이다. 이러한 숙제를 풀기 위해서는 장애인에 대한 인식이 지금보다 더욱 개선돼야 한다는 선행조건이 있다. '비장애인도 일자리가 없어서 사회적 문제가 큰데 장애인에게 줄 일자리가 어디 있느냐'는 식의 사고방식은 곤란하다. '생산력이 떨어지고 타인의 도움이 필요한 장애인이 비장애인과 같은 수준의 노임을 받고 같은 조건에서 일하는 것은 부당하다'라는 사고도 위험하기는 같다. 만약 그렇게 사고하고 있다면 장애인 인권감수성을 더 높여야 할 필요가 있다.

장애인 취업 성공 사례

오피스 카페 관리사에 관해 들어보셨나요?

가정이나 직장에서 정수기를 사용해 봤다면 정수기 관리기사의 존재를 알고 있다. 정수기가 설치된 각 가정이나 직장을 순회하며 필터를 갈아주고, 기계 청소를 해주는 직업이다. 이러한 관리사 기능을 참고해 장애인을 위한 직업으로 고안된 것이 '오피스 카페 관리사'이다. 사무실에 설치된 원두커피 제조기를 관리해주는 직업이다. 물리적으로 무거운 짐을 운반하거나 고된 노동이 아니어서 경증인 여성장애인이나 고령의 장애인에게 적합하다. 최근 원두커피 기계가 각 사무실에 공급 확대되고 있음을 고려하면 장래성이 있다.

커피와 관련한 이론을 공부하고 체계적인 실무훈련을 받으면 현장에 투입될 수 있다. 고객의 의견을 접수해 서비스 만족도를 높이는 역할을 맡고, 현장 민원을 공급사에 전하는 역할도 하게 된다. 고객의 선호도를 파악해 제품의 다양성에 이바지할 수 있고, 시음 안내 등을 통해 커피의 전문가로 인정받을 수 있는 이점이 있다. 고객에게 각 원두의 특성을 자세히 소개해 고객 취향에 맞는 원두를 추천해주는 것도 오피스 카페 관리사의 중요한 역할 중 하나이다. 대한민국이 커피 소비가 다른 나라에 비해 월등히 많다는 점을 고려하면 유망한 직업으로 자리 잡을 수 있다.

청각장애인이 택시 운전을 한다고?

고객과 언어소통이 부자연스러운 청각장애인이 택시기사를 한다면 쉽게 이해하기 어렵다. 하지만 택시 내부 앞자리와 뒷자리에 각각 태블릿만 설치하면 간단히 문제점을 해결할 수 있다. 태블릿이 소통의 매개체 역할을 해주기 때문이다. 승객은 차에 타면 태블릿을 통해 문자와 음성으로 탑승 안내를 받고, 이후 목적지를 태블릿에 음성 또는 문자로 입력하면 기사가 인지하는 방식이다. 운행 중에도 음성인식을 통한 실시간 자막으로 운전자와 승객은 의사소통할 수 있다. 택시를 운행하고 영업활동을 하는 데 무리가 없다는 사실이 앞선 사례를 통해 밝혀졌다.

청각장애인 택시는 2018년 경주에서 처음 시작되었고, 이후 대구, 대전, 서울, 남양주 등으로 확산했다. 아직은 보급이 미흡하지만, 이 시스템이 알려지면서 더욱 확산에 속도가 붙고 있다. 택시기사는 자격증이 필요하다. 이 자격증을 취득하기 위한 교육비와 지역 취득비, 접수비 등의 비용은 한국장애인고용공단이 지원한다. 운전적성 정밀검사를 받는 비용도 지원한다. 모든 자격을 갖추면 운전자 신규교육을 받게 되고 택시회사가 진행하는 현장 실습교육을 거쳐 실무에 임하게 된다.

안마사라면 헬스 키퍼에 도전해 보세요

시각장애인이라면 '헬스 키퍼' 취업을 고려해 볼 만하다. 헬스 키퍼는 안마사 자격증을 가지고 기업에 취업해 직원의 건강과 피로 관리, 질병 예방 등의 업무를 담당하는 전문직종이다. 안마사 자격을 갖춘 시각장애인에게 적합한 직업이다. 사용자인 기업주가 사내 직원에 대한 서비스 차원 또는 대고객 서비스 지원 차원에서 고용할 수 있다. 실제로 서울 여의도 63빌딩에 4명이 취업 중인 것을 비롯해 여러 곳에서 헬스 키퍼의 취업이 성사되었다. 헬스 키퍼의 고용은 장애인과 기업의 모범적 상생모델이라는 평가를 받고 있다.

대개의 사무직 근로자는 장시간 컴퓨터 모니터 앞에서 일하기 때문에 눈의 피로를 느끼고 있고, 특히 어깨와 목의 통증을 호소

하는 사례가 많다. 사무직 근로자가 다수인 사업장이라면 헬스 키퍼의 고용을 고려해 볼 만 하다. 실제로 사무직 노동자의 다수가 목과 어깨 근육이 굳는 거북목 증상을 겪고 있는 점을 고려해 회사 차원에서 헬스 키퍼를 통한 서비스를 제공한다면 높은 만족도와 함께 업무의 효율을 끌어 올릴 수 있다. 헬스 키퍼는 적극적인 장애인 고용 의지를 통해 전혀 새로운 직무를 창출한 우수사례로 지목되고 있다.

경단 여성장애인이라면 잡 매니저 어때요?

'잡 매니저'는 다소 생소하게 들리는 직업이다. 장애인의 고용 확대를 위해 새로게 개발된 직업이기 때문에 아직 생소한 상황이다. 잡 매니저는 발달장애인을 고용하고 있거나 고용하고자 하는 사업체를 돕는 장애인 고용 전문가로 장애인 고용사업체의 필수 전문인력이라 할 수 있다. 이 직업은 경력이 단절된 여성장애인에게 적합한 것으로 평가받고 있다. 잡 매니저의 역할을 활성화하면 발달장애인의 고용을 확대하고 유지기반이 더욱 공고해지는 효과를 기대할 수 있다.

잡 매니저는 지적장애인과 자폐성장애인 등 발달장애인을 다수 고용한 사업장에 배치되면 그들의 업무 역량을 향상하는 역할을 할 수 있다. 발달장애인의 특성을 누구보다 잘 이해하고 전문지식도 갖고 있어야 한다. 또한, 장애 전반에 대한 이해와 감수성이 높은 사람에게 적합한 직업이다. 잡 매니저의 역할이 정착되면 새로운 고용의 길이 터지는 것은 물론이고, 발달장애인의 고용을 안정적으로 이끌고 가는 데 도움이 돼 장애인 고용에 일석이조의 효과를 거둘 수 있게 된다.

디지털 환경 지킴이는 어때요?

컴퓨터 조작이 가능하고 인터넷을 자유롭게 활용할 줄 아는 중장년 장애인이라면 '디지털 환경 지킴이'를 통해 취업의 문을 두드려 볼 만하다. 주요 업무는 인터넷상의 개인정보, 텍스트, 사진, 동영상 등에 해를 끼치는 디지털 유해 콘텐츠를 모니터링하는 것이다. 불법 복제물을 찾아내는 것도 디지털 환경 지킴이의 역할에 포함된다. 디지털 환경 지킴이로 활동하기 위해서는 인터넷 활용이 능숙해야 하는 것은 기본이다. 취업에 앞서 기업에서 실시하는 맞춤훈련을 통해 전문성을 확보할 수 있다.

40대~50대가 하기에 적합한 직업으로 분류되고 있다. 인터넷을 자유롭게 이용할 정도의 컴퓨터 실력을 갖추고 있다면, 기업에서 전문적으로 시행하는 교육을 통해 충분히 업무를 수행할 수 있다. 포탈업체 등이 디지털 환경 지킴이의 활동에 큰 관심을 보인다. 디지털 시대에 맞는 직종이라는 점에서 장래가 유망하다. 기업 홈페이지에 기록된 게시글에 댓글을 달아주는 등의 역할도 디지털 환경 지킴이가 하는 중요한 역할이다. 이동이 적고 한 자리에서 일할 수 있어 지체장애인도 도전할 수 있는 직업이다.

한국장애인고용공단의 역할

한국장애인고용공단은 국내 장애인의 일자리 창출과 고용 확대를 목적으로 설립해 운영 중인 공공기관이다. 공단의 설립 이후 장애인의 고용 확대를 위한 다양한 정책이 개발되고, 기업에 실질적인 도움을 주고 있어 그 영향으로 장애인의 고용 여건은 점차 개선되고 있다. 1990년 1월 13일 '장애인고용촉진 등에 관한 법률'이 공포된 뒤, 같은 해 9월 1일 한국장애인고용촉진공단이 설립되었다. 10년 후인 2010년 1월에 한국장애인고용공단으로 명칭이 변경되었다. 고용노동부 산하인 한국장애인고용공단은 전국 주요 도시에 지역본부와 지사를 두고 지역 내 장애인의 고용 확대 업무에 집중하고 있다.

2001년 1월부터는 장애인 고용정책의 핵심인 고용부담금 징수 및 고용장려금 지급 업무를 정부로부터 위탁받아 수행하기 시작했다. 2008년 1월 이후 2년 주기로 장애인 실태조사를 하고 있다. 또한, 사업주를 대상으로 하는 '직장내장애인식개선 교육'이 의무화되면서 이 업무도 관장하고 있다. 공단 출범 이후 장애인의 고용이 확대되는 실질적 효과가 나타나고 있고, 이로 인해 상시근로자 50인 이상의 국가기관 및 지방자치단체, 공공기관, 사기업의 장애인 의무고용률이 점진적으로 상승하고 있다.

한국장애인고용공단의 주요 기능은 ①장애인의 고용에 관한 정보의 수집·분석·제공 및 직업 소개 ②장애인의 고용촉진 및 직업 재활에 관한 조사·연구 ③장애인 적응훈련 및 장애인 직업생활상담원 양성·연수 ④사업주와 관계기관에 대한 직업재활 및 고용관리에 관한 기술적 사항 지도·지원 ⑤장애인에 대한 적성검사·직업지도·평가, 기타 직업에 필요한 지식과 기능교육 ⑥장애인 직업훈련원 및 장애인 표준사업장 운영 ⑦장애인 고용촉진을 위한 홍보·교육 및 장애인 기능경기대회 등 관련 사업 ⑧기타 장애인의 고용촉진을 위해서 필요한 사업 및 정부 관계 장관 또는 중앙행정기관의 장이 위탁하는 사업 등이다.

한국장애인고용공단의 주요 사업은 크게 나누어 장애인 지원, 교육훈련, 사업주 지원으로 구분할 수 있다. 장애인 지원사업은 장애인 고용포털워크투게더, Work Together · 온라인 구인·구직 시스템의 운영, 장애인 고용네트워크·시험고용제·장애인 직업생활 상담원

제 운영, 직업능력평가, 보조공학기기 지원, 근로지원인 지원 등이다. 교육훈련 사업은 직업능력개발원 운영, 공단지원 직업훈련기관 운영, 장애인 고용실무자의 전문성 향상을 위한 교육연수, 사이버 직업능력개발 등이다. 사업주 지원은 장애인고용장려금 등이 있다.

한국장애인고용공단은 정부와 기업, 장애인 당사자를 효율적으로 연결하여 고용 효과를 극대화하는 역할을 한다. 정부는 장애인 고용 확대를 위한 정책을 공단을 통해 실현하고, 기업과 장애인은 인력 확보 관련 정보와 취업 정보를 얻을 수 있다. 장애인고용공단은 전국 주요 도시에 지역본부와 지사를 설치해 지역 내에서 장애인 고용이 실질적으로 이루어질 수 있게 지원하고 있다. 취업을 원하는 장애인은 공단 홈페이지에 수시로 접수해 관련 정보를 얻으면 한발 앞서 취업 관문을 통과할 수 있다. 또한, 지역본부와 지사를 통해 지역 내 장애인 취업 관련 정보를 얻을 수 있다.

장애인 고용 관련 페널티와 인센티브

1990년 장애인고용촉진 등에 관한 법률이 공포됐고, 이듬해부터 장애인 고용을 강제로 할당하는 제도가 시작됐다. 제도 시행 첫해 의무고용률은 1%였다. 이후 의무고용률은 점차 올라가 2019년 이후에는 정부와 지자체 및 공공기관은 3.4%, 민간기업은 3.1%가 됐다. 의무고용률은 앞으로도 지속 상승할 것이 분명하다. 의무고용률을 기준으로 미달하는 사업장에는 페널티가 가해지고 초과하는 사업장에는 인센티브가 부여된다. 자발적 고용이 더디게 진행되니 법으로 고용을 강제하는 형태로 이해할 수 있다.

의무고용률을 초과해 장애인을 고용한 사업장에는 고용장려금이 지원된다. 하지만 국가기관, 지방자치단체, 공공기관은 지원 대상에서 제외된다. 민간기업 은 고용한 장애인이 경증인지, 중증

인지와 남성인지 여성인지 아닌지에 따라 고용이 유지되는 기간 내내 고용장려금을 받을 수 있다. 중증장애인을 고용하면 장려금 액수가 커진다. 여성장애인을 고용했을 때도 지원금 구모가 커진다. 여성장애인과 중증장애인의 고용률이 상대적으로 낮다 보니 이를 극복하기 위한 방책이다. 중증장애인을 고용했을 때는 2명의 장애인을 고용한 것으로 인정한다.

반대로 법정 의무고용률을 지키지 않은 사업장은 고용부담금을 내야 한다. 고용부담금을 내는 대상은 국가기관이나 지자체, 공공기관도 포함된다. 상시근로자 100인 이상의 사업장이 의무고용률에 미달하는 고용을 한 경우, 실제 고용이 이루어진 비율에 맞춰 한국장애인고용공단에 고용부담금을 내야 한다. 납부금액은 최저임금으로 주5일 근무한 시급에 해당하는 액수이다. 매년 최저시급이 변경됨에 따라 고용부담금 액수도 변한다. 이렇게 징수한 고용부담금을 장애인고용공단은 의무고용률을 달성한 사업장에 인센티브를 제공하는 등으로 지출한다.

장애인을 고용한 사업장에 제공하는 보조공학기 지원제도도 눈여겨볼 필요가 있다. 이 제도는 장애인고용공단이 장애 유형과 업무 특성에 알맞은 보조공학기기를 지원해 장애인의 직업생활을 돕는 프로젝트다. 민간기업은 물론 국가기관, 지자체, 공공기관도 지원 받을 수 있다. 차량용 보조공학기는 장애인 근로자가 직접 지원받을 수도 있다. 상용 보조공학기는 고용유지 조건으로 지원하거나 별다른 조건 없이 무상지원하기도 한다. 다만 지원액의 차이가 있다. 고용유지를 조건으로 자동차를 개조하거나 차량용 보조공학기기 설치를 지원하기도 한다. 이 경우도 무상지원과 고용유지 조건지원으로 구분되고 지원 액수도 차등화한다.

고용환경 개선지원도 잘 활용하면 사업장 운영에 큰 보탬이 된다. 장애인을 고용하면 그에 따른 사업장 내 시설 개선이 필요한 경우가 발생한다. 지체장애인을 고용한 경우 화장실에 장애인용 보조시설을 설치할 수 있고, 경사면이 없는 곳에는 경사면 등의 설치를 지원받을 수 있다. 다수의 지체장애인을 고용하고 있다면 장애인고용공단으로부터 엘리베이터 등의 시설도 설치를 지원 받을 수 있다. 시각장애인을 고용했다면 사업장 곳곳에 점자 안내판 설치를 지원받을 수도 있다. 시설 지원 외에 세제 혜택도 있어 장애인 고용시설에 대한 세액공제, 장애인 다수고용사업체 세액감면 등도 활용할 수 있다.

장애인 고용을 지원하는 여러 제도

중증장애인 지원고용 서비스

중증장애인의 고용은 경증장애인 고용에 비해 어려움이 많다. 그래서 중증장애인을 직무지도원과 함께 현장에 배치하여 장애인 근로자가 업무를 익힐 수 있도록 지원하는 제도가 마련됐다. 중증장애인이 작업 내용과 기술을 익히고 직장 적응력을 키울 수 있도록 하는 것이다. 사업주는 이 제도를 활용해 장애인이 업무에 적합한 기능을 익히고 작업환경에 적응했다고 판단하면 고용으로 연결할 수 있다. 이 제도는 최장 6개월까지 지원되며 모든 비용은 한국장애인고용공단이 부담한다. 참여하는 중증장애인에게도 참여 수당이 지급되며 참여 사업장에도 보조금을 지급한다. 이 제도에 참여한 중증장애인 중 90%가량이 취업의 관문을 통과했다.

장애인 인턴제도

미취업 중증장애인과 만 50세 이상의 장년 장애인에게 사업체가 인턴 근무 경험을 제공하여 직무 능력과 직장 적응 능력을 향상할 기회를 제공하는 제도이다. 인턴 기간의 업무 능력과 적응력 평가를 통해 사업체는 고용 여부를 판단하게 된다. 장애인고용공단은 해당 사업체에 중증장애인과 장년 장애인의 인턴 참여기간 중 인턴지원금을 지급한다. 인턴 기간을 마치고 정규직으로 고용하면 최저임금 수준의 정규직 전환지원금을 추가로 지원해준다. 취업난이 심각한 중증장애인과 장년 장애인을 집중적으로 지원하는 제도이다.

현장평가 제도

실제 작업현장 또는 이와 유사한 환경을 갖춘 시설에서 구직 장애인의 작업 수행능력과 직업 적응력을 파악하는 평가 프로그램을 운영하는 제도이다. 이 제도는 경증장애인도 참여할 수 있다. 평가 기간은 1~2주로 참여 장애인에게는 참여 수당이 지급된다. 현장평가 제도에 참여하는 사업체에도 보조금이 지급된다. 참여 장애인은 한국장애인고용공단의 훈련생 신분으로 참여한다. 이 제도 또한 현장 적응력을 높여 실제 정규직으로 취업하는 사례가 많아 실효성을 입증받았다.

장애인 취업성공 패키지

장애인 취업성공 패키지는 성공적인 취업과 직업 적응을 지원하기 위해 단계적으로 통합적인 서비스를 제공하는 전문적인 취업지원 프로그램이다. 1단계는 상담 및 취업계획을 수립하는 단계로 취업을 희망하는 장애인을 대상으로 1개월간 상담과 함께 개별 취업 활동계획을 수립한다. 이때 일정액의 수당을 지급한다. 2단계는 직업능력 향상 단계로 12개월간 공단 산하 직업능력개발원과 민간 위탁 기관에서 장애특화과정에서 직업훈련을 체험한다. 이때도 일정액의 수당과 교통비를 지급한다. 마지막 3단계는 집중 취업 알선 단계로 기간은 3~6개월이다. 이때 사전 직무분석 및 적합 일자리 동행 면접이 진행된다. 취업에 성공하면 현장 적응 지도도 해준다. 12개월 근속자에게는 취업 성공수당을 지급한다.

장애 학생 취업을 위한 워크투게더

고등학교와 특수학교 전공과에 재학 중인 장애 학생을 대상으로 진로설계 컨설팅을 통한 맞춤형 취업 준비 프로그램을 제공하는 프로젝트다. 졸업 후 취업을 통한 사회진출을 지원하는 내용도 포함하고 있다. 상담과 직업능력평가, 개발 진로계획을 수립한 후 현장 견학, 직무 훈련 체험, 일 배움 프로그램을 거쳐 취업 성공 패키지와 중증장애인 인턴제 등의 취업 연계 프로그램을 진행한다. 취업 알선과 취업 후 적응 지도 서비스를 마지막 단계로 전체 일정이 마무리 된다.

장애인을 고용하지 않는 이유는 무엇인가

한국장애인고용공단이 장애인 직원이 없는 기업을 대상으로 실태를 조사하였다. 조사를 통해 우선 기업이 장애인 고용을 하지 못한 이유를 물었다. 답은 두 가지로 나왔다. 전체 응답자의 86%는 '장애인을 고용할 의사가 없음'이라고 답했고, 나머지 14%는 '장애인을 고용할 의사는 있었으나 채용을 못 함'이라고 답했다. 이는 고용할 의사가 있는지 없는지에 대한 의견을 물은 것으로 86%가 장애인을 채용할 의사가 없다고 답한 것이다. 장애인을 비장애인과 똑같은 존재로 인정하기보다는 차별의 대상으로 인식하고 있음을 드러냈다고 볼 수 있어 충격적이다.

이처럼 장애인을 채용할 의사가 없다고 답한 것은 장애인이 생산성이 떨어지고, 함께 일하는데 불편할 수 있다는 막연한 부정적 생각을 하고 있음이 반영된 것이다. 장애인인식개선 교육이 필요한 이유는 이러한 조사를 통해 드러난다. 기업은 장애인을 고용해야 하는 이유를 제대로 알지 못하고 있고, 오직 생산성과 효율성의 잣대로만 채용을 구상하고 있기 때문이다. 교육을 통해 인식을 개선하고, 장애인도 취업을 통해 일하고 싶어 하는 존재라는 사실을 알릴 필요가 있다. 또한, 장애인 고용 시 얻을 수 있는 기업의 이익에 대해서도 홍보할 필요가 있다.

다시 장애인을 고용하지 않은 이유에 대해 세부적인 답변을 받았다. 여기서 54.8%의 사업주가 '장애인에게 적합한 직무를 찾지 못했거나 부족해서'라고 응답했다. 17.5%는 '근무환경이 유해하거나 위험해서'라고 답했고, 9.4%는 '부담금 납부 대상이 아니어서'라고 응답했다. 이밖에 6.9%는 '장애인 시설 및 장비와 편의시설이 부족해서'라고 답했고, 4.8%는 '장애인 근로자의 생산성이 낮을 것 같아서', 3.4%는 '사업주, 관리자, 동료 등이 장애인 채용을 꺼려서', 1.5%는 '채용 후 인사관리가 어려울 것 같아서', 1.0%는 '채용을 시도했으나 장애인 지원자가 없어서', 0.8%는 '장애인 고용에 따른 추가비용이 과다할 것 같아서'라고 응답했다.

응답 내용을 살펴보면 대개 장애에 관한 정보나 지식이 무지하거나 막연한 부정적 이미지를 가진 것으로 보인다. 이는 꾸준한 인식개선 교육을 통해 극복할 수 있음을 의미한다. 장애인에 대해 제대로 알지 못하고 있으므로 장애인의 고용에 관심이 없거나 부정적 이미지를 가진 것이다. '장애인이 왜 일을 해야 하고 사회는 왜 그들에게 일자리를 제공해야 하는지'를 이해하면 충분히 인식을 바꿀 수 있다. 더불어 장애인을 고용하면 정부나 지자체 등으로부터 얼마나 다양한 혜택을 지원받을 수 있는지도 더욱 폭넓게 홍보할 필요가 있다.

기성세대는 장애인에 대한 사회적 차별이 당연한 것으로 받아들이던 시절을 경험했다. 그러나 이후 제대로 장애인에 관해 알고 이해할 기회를 얻지 못했다. 그래서 장애인의 일자리 마련은 고사하고 구시대적 인식에 머물러 있는 이들도 많다. 반면 학교에서 장애인 인식개선 교육이나 인권교육, 민주시민 교육 등을 경험한 젊은 세대는 기성세대보다 장애인에 관해 오히려 높은 인식 수준을 보이는 것을 확인한다. 이는 장애인 인식개선 교육이 왜 필요하고, 얼마나 중요한 교육인지를 증명해 보인다.

사회적 장애인인식개선 교육과 직장내 장애인인식개선 교육

정부는 우리 사회 전반에 장애감수성을 키우고 장애공감 문화 조성에 이바지하기 위해 전 국민을 대상으로 장애인인식개선 교육을 시행하고 있다. 장애 유무로 사람을 이분화하지 않고 '우리는 모두 같은 사람이다.'라고 인식하게 해 사회와 국가에 포용적 문화를 정착시키고자 하는 것이 목적이다. 장애인식개선 교육은 사회적 교육과 직장 내 교육의 두 트랙으로 진행되고 있다. 장애인에 대한 사회 전반의 인식을 개선한다는 목적은 같다.

사회적 장애인인식개선 교육은 장애인복지법을 근거로 보건복지부 주관으로 진행하고, 직장내장애인인식개선 교육은 장애인고용촉진 및 직업재활법을 근거로 고용노동부 한국장애인고용공단이 주관한다. 양 교육 모두 장애 및 장애인에 대한 이해와 긍정적 인식 제고, 장애인의 인권과 관련된 법과 제도, 장애가 가지는 다양성에 대한 존중, 장애인의 자율성 및 자립에 대한 존중, 장애인 보조기구 및 장애인 편의시설 등의 접근성에 대한 이해 등이 주요 내용이다. 다만, 직장내장애인인식개선 교육은 여기에 덧붙여 장애인의 고용문제를 추가하고 그 내용에 집중한다.

사회적장애인인식개선 교육은 민간분야에서 발행한 자격증을 가진 강사나 기타 장애인에 대한 이해가 높은 강사가 진행하는 강의를 수강해도 무방하지만, 직장내장애인식개선 교육은 반드시 한국장애인고용공단에서 자격 과정을 이수하고 관련 자격증을 가진 강사에게 교육받아야 유효하다. 양자 모두 집합교육과 원격교육이 가능하다. 집합교육은 외부 강사를 초빙하거나 내부 강사(직장내장애인인식개선 교육은 공단이 부여한 자격 소지한 내부 강사) 교육 또는 동영상 시청 형태로 가능하다. 원격교육은 사이버 교육이나 시청각 교육의 방식이 모두 가능하다.

사회적 장애인인식개선교육은 국가기관과 지방자치단체 소속 공무원, 어린이집과 각급 학교, 공공기관, 특수법인이 교육 대상이다. 교육을 시행하지 않은 것에 대한 과태료는 별도로 부과되지 않는다. 반면, 직장내장애인인식개선 교육은 모든 직장인을 대상으로 시행한다. 교육을 시행하지 않거나 교육 시행 관련 증빙자료를 3년간 보관하지 않으면 사업주에게 300만 원 이하의 과태료가 부과된다. 다만 상근근로자 50인 미만 사업체는 고용노동부장관이 보급한 교육자료를 배포·게시하거나 전자우편을 보내는 등의 방법으로 교육을 시행하는 것이 가능하다.

Chapter Four

2021년 충청신문 온·오프라인 게재

95 대 5의 세상

마선옥 칼럼

⠨⠶⠗⠫
⠨⠶⠗⠫ ⠊⠽⠨⠕⠣⠒⠴⠈⠝

95%를 위한 나라

사람의 의지대로 되는 일이 있고, 안 되는 일도 있다. 가령 내가 대한민국에 태어나기 위해 노력해서 대한민국에 태어난 것은 아니다. 내가 여자로 태어나기 위해 어떤 작용을 한 적이 없지만, 여자로 태어났다. 누군들 부자 나라에 태어나지 않고 싶었겠는가. 누군들 부유한 집안에 품위 있는 부모의 자녀로 태어나고 싶지 않았겠는가. 하지만 내가 어느 나라, 어느 지역, 어느 가정에 태어난 것은 운명일 뿐 노력의 결과물이 아니다.

그렇지만 어느 나라 출신인가에 따라 사람은 다른 대접을 받는다. 어느 집안에서 태어났는가에 따라서도 심한 차별을 받는다. 기근에 시달리는 불행한 나라에 태어났다는 이유로 고된 인생을 살아야 하는 것만으로도 억울한데 그 나라 출신이라는 이유로 멸시당하는 일이 당연시되고 있다. 오히려 위로받고 보호받아야 할 대상이지만 차별과 멸시로 고통받고 있다. 극빈한 가정에서 태어나 고통스러운 삶을 살아가는 이들도 마찬가지다.

열악한 환경에서 태어나 그 환경을 극복하고 일어서기란 말처럼 쉽지 않다. 평생 고통의 굴레에서 헤어나지 못하고 허덕거리다가 생을 마감하는 일이 다반사다. 그렇지만 사회는 그들에게 더 많은 기회를 주기는커녕 발목을 잡기 일쑤다. 너의 불행은 운명이니 네가 알아서 하라는 식이다. 좋은 환경에서 태어난 사람은 자신이 누리는 혜택이 혜택이라는 생각조차 하지 못하는 경우가 대부분이다. 당연한 자신의 권리라고 생각한다.

우리나라에는 대략 전 국민의 5%가량인 250만 명 안팎의 장애인이 있다. 이들 중 장애인이 되고 싶어 장애인이 된 사례는 없다. 10%가량은 선천적으로 장애를 가지고 태어난 경우이고, 나머지 90%는 살면서 질병이나 사고를 당해 장애를 갖게 된 것으로 보면 된다. 대한민국에서 장애인으로 살아가기란 절대 녹록지 않다. 이 사회의 모든 시스템이 장애가 없는 95%에 맞춰있기 때문이다. 5%에 속하는 장애인은 95%에 맞춰 설계된 사회 시스템에서 불편하게 살아야 한다. 그것만도 억울한데 차별과 멸시를 당해야 한다.

2007년 장애인차별금지법(장차법)이 제정되고, 2008년부터 발효됐으니 벌써 13년의 세월이 흘렀다. 장차법의 영향으로 이 사회는 장애인에 대한 배려가 미약하나마 시작되었고, 장애인을 위한 각종 시책이 마련됐다. 하지만 5% 장애인이 차별을 느끼지 않고 살기에는 아직도 부족함이 많다. 실례로 뉴스에서 청각장애인을 위한 수어방송을 시작한 것이 최근의 일이고 그나마 공영방송에서만 시행중이다. 뉴스를 제외한 여타의 방송은 시작될 기미조차 보이지 않는다. 청각장애인이 소수이기 때문이다.

지체장애인이 불편 없이 탈 수 있는 저상 시내버스는 아직도 보급률이 바닥 수준이고, 대도시를 제외한 농어촌지역으로 가면 거의 찾아볼 수 없다. 기차나 지하철은 그나마 사정이 낫다. 시내버스도 아직 보급률은 저조하지만 저상버스를 도입해 장애인의 불편을 줄이려는 최소한의 노력은 하고 있다. 하지만 고속버스나 시외버스는 여전히 장애인 편의를 보장할 수 있는 버스의 도입이 이루어지지 않고 있다. 기본적인 이동권조차 보장받지 못하고 있다.

95%가 불평이 없다면 5%는 불편해도 그냥 살아가면 되는 것인가? '모든 국민은 행복을 추구할 권리를 갖는다'라는 헌법 제10조 조항은 허울뿐인가? 전 국민의 5%가 아니라 단 1%라고 해도 그들은 부정할 수 없는 대한민국 국민이다. 다수만 행복하면 소수의 행복은 뒤로 미뤄도 된다는 생각은 위험하다. 소수도 대한민국의 주권을 행사하는 당당한 국민임을 잊어서는 안 된다. 소수

를 배려하는 사회가 진정 아름다운 사회다. 5%도 불편하지 않게 살도록 사회적 관심이 필요하다.

영화관람 속 장애인 차별

누구라도 시간과 비용이 허락되면 나설 수 있는 영화관람. 그러나 대개의 사람에게는 불편이 없는 영화관람이 특정인에게는 아주 불편한 일일 수 있다. 그래서 그들은 영화관람을 통해 사회가 얼마나 다수자 위주로 돌아가고 있는지를 세상에 알렸다. 시각장애인과 청각장애인이 '장애인 영화관람권 보장을 위한 차별구제 청구 소송'에 나선 사례가 있다. 이들은 영화관을 상대로 장애인이 비장애인과 동등하게 영화를 관람할 수 있도록 배려할 것을 요구했다.

시각장애인이나 청각장애인이 영화를 관람할 수 있게 조치해 달라는 소송이 황당하다고 생각하는 사람도 있을 것이다. 하지만 황당할 것 없다. 장애인도 헌법이 보장하는 행복을 추구할 권리가 있고 평등권을 누릴 권리가 있기 때문이다. 이 소송은 장애인들의 완승으로 끝났다. 법원은 피고인 영화 제작자와 배급자가 원고인 청각장애인들에 화면 해설화면과 자막을 제공하고, 시각장애인들에는 FM 보청기를 제공하라고 판시했다.

법원은 피고인에게 원고들이 영화 및 영화관에 관한 정보에 접근할 수 있도록 웹사이트를 통해 화면 해설 또는 자막을 제공하는 영화와 사영관 및 상영시간, 그 밖의 장애인에게 제공할 수 있는 편의를 각각 제공하도록 판시했다. 시각장애인에게는 점자 자료 또는 큰 활자로 된 문서를 제공하고 청각장애인에게는 한국수어 통역 또는 문자에 의한 정보를 제공하라고 판시했다. 또한, 소송을 진행하는데 소요된 모든 비용을 피고들이 부담하도록 했다.

장애인에 대한 전통적 가치관을 가진 이들이라면 이 판결을 이해하기 어려울 수 있다. 지극히 소수에 지나지 않는 시각장애인과 청각장애인을 위해 영화 제작사와 배급사가 맞춤형 서비스를 제공해야 한다는 사실을 이해하지 못할 수 있다. 하지만 아주 간단히 생각하면 된다. 장차법에서 정한 정당한 편의 제공의 의무를 생각하면 된다. 나아가 헌법에서 보장한 평등권을 적용하면 이러한 판결이 자연스럽게 받아들여질 수 있다. 장애인도 대한민국의 국민으로 헌법을 비롯한 모든 법률이 정한 바를 누릴 권리가 있기 때문이다.

이러한 사실에 근거해 세상을 보면 장애인들이 누릴 권리는 지금보다 월등히 포괄적으로 인정돼야 한다. 전국 곳곳에 도서관이 운영되고 있지만, 그 많은 도서관에 점자도서가 얼마나 비치돼 있을지를 생각해보면 할 말을 잃는다. 전국의 수없이 많은 공공기관이나 단체, 민간업체에 수어를 통해 자연스럽게 장애인과 소통할 수 있는 인력이 얼마나 배치돼 있는가를 생각하면 장애인에 대한 우리 사회의 배려가 취약한지 이해할 수 있다. 이제 겨우 엘리베이터 설치가 일반화됐고, 계단 옆에 경사면을 만들어 지체장애인의 편의를 도모하는 수준의 사회적 배려가 정착하고 있는 단계이다.

장애의 유형은 대단히 다양하고 각 유형에 따라 필요한 사회적 서비스는 많다. 하지만 장애인이 비장애인과 비교할 때 소수라는 이유로 그 모든 서비스는 무시되기 일쑤다. 내가 장애인이 아니고, 내 가족 중 장애인이 없다고 해서 장애인에 대해 무관심하다면 오산이다. 국내 250만 명의 장애인 중에는 선천적으로 장애를 가지고 태어나는 이가 불과 10%인 25만 명에 불과하다. 나머지는 후천적인 질병이나 사고에 의해 장애인이 된다. 즉 누구라도 장애인이 될 수 있는 상황이다.

당장 내가 장애인이 아니고, 내 가족 중에 장애인이 없다는 이유로 장애에 대해 무관심한 것은 옳지 않다. 세상에 장애인이 되고 싶어 된 사람은 아무도 없다. 질병이나 사고는 누구에게라도 찾아올 수 있다. 나와 내 가족에게는 절대 장애가 찾아오지 않을 것이라고 장담할 수 있는 사람은 아무도 없다. 장애는 어느 순간 찾아올 수 있다. 모든 사람이 잠재적 장애인이란 사실을 인정하고 장애인이 불편을 겪지 않는 환경을 만들기 위해 모두가 노력해야 한다. 장애는 개인의 문제가 아니라 사회의 문제라는 시각을 가져야 한다.

의료적 모델에서 사회적 모델로

장애를 이해하는 데 장애 관련 정책의 변화를 살펴보는 것은 매우 의미 있다. 큰 맥락을 살펴보면 한국을 비롯한 국제사회에서 장애 정책은 의료적 모델에서 사회적 모델로 옮겨갔음을 알게 된다. 의료적 모델은 장애를 개인의 문제로 취급해 장애인을 보호의 대상으로 바라보고, 사회화에 힘쓰기보다는 복지를 베풀어야 하는 대상으로만 인식한 단계이다. 이와 비교하면 사회적 모델로의 변화는 장애를 사회적 문제로 인식해 모두가 함께 대처해야 할 대상으로 보기 시작했다는 점이 다르다.

의료적 모델로 장애를 인식하던 시절에는 장애인을 전문시설에 머물게 하거나 시설을 정기적으로 이용하도록 하는 것이 최선이라고 인식했다. 이 모델에 의하면 사회로부터 장애인을 격리하는 것을 원칙으로 삼는다. 각종 장애인 시설이 우후죽순 생겨나고 전문 사회복지인력을 배치해 장애인의 생활을 돌보게 하는 것이 정책의 기본 방향이었다. 하지만 최근 사회적 모델로 인식이 옮겨가면서 탈시설을 통해 재가보호 또는 지역사회 보호로 주거 형태를 바꿔야 한다는 인식이 빠르게 확산하고 있다.

고용을 바라보는 시각도 양자 간 차이가 있다. 의료적 모델로 장애를 바라보던 때는 보호 고용이나 의무고용제의 시행이 관건이었다. 하지만 사회적 모델로 정책 방향이 옮겨가면서 근로 지원인 배치 등을 통해 장애인이 비장애인 노동자와 함께 일할 기회를 제공하는 쪽으로 선회하고 있다. 이러한 모델이 적극적으로 실천될 수 있는 근거는 장애인차별금지법에서 찾을 수 있다. 장애인도 당당히 노동력을 제공해 사회의 일원으로 살아갈 수 있도록 하는 데 초점이 맞춰져 있다.

교육 분야에서도 이러한 정책의 변화는 발생하고 있다. 과거에는 장애 학생을 특수학교 또는 특수학급에 수용해 별도의 교육을 시행하는 것이 정책의 방향이었다. 하지만 이는 장애 학생들의 사회성 결여를 비롯해 비장애 학생들의 장애에 대한 편견을 키울 수 있다는 문제점을 안고 있다. 이로 인해 최근에는 장애 학생과 비장애 학생이 통합교육을 통해 함께 학습하고 더불어 살아가는 방법을 서로 익히는 방향으로 정책이 선회하였다.

교통문제도 예외가 아니다. 과거에는 장애인에게 개별적 이동수단을 제공하는 등의 방법으로 접근했다면 이제는 달라졌다. 장애인의 이동권을 보장해주어 불편 없이 교통편을 이용할 수 있도록 해주는 데 초점을 두고 있다. 장애인이 불편함 없이 이용할 수 있는 저상버스를 집중적으로 배치하고, 시각장애 또는 청각장애인도 대중교통을 이용할 수 있도록 안내 방송을 강화하거나 화면을 통해 문자 서비스를 제공하는 등의 사회적 노력이 더 해지고 있다. 이 모두가 더불어 살아갈 수 있는 사회를 만드는 데 방점을 두는 것이다.

유니버설 디자인 개념이 등장한 것도 장애인 관련 정책이 사회적 모델로 옮겨가고 있음을 반영한 것이다. 장애인이 사용하는데 지장이 없는 각종 시스템을 개발하고 배치하는 것이다. 대개 장애인이 불편 없이 사용할 수 있는 시스템은 비장애인에게도 더욱 편한 사용을 보장하게 된다. 손가락을 이용해 뭉치를 돌려야 하는 문짝 손잡이가 굳이 손가락을 사용하지 않아도 방향을 돌리기만 하면 열리는 문고리로 변하고 있는 것이 그 실례라 할 수 있다.

장애 관련 정책이 의료적 모델에 머물지 않고 사회적 모델로 옮겨온 것은 장애인을 특수한 집단으로 보려 하지 않고 함께 공존하는 대상으로 보는 쪽으로 옮겨왔음을 의미한다. 분리에서 공존으로 장애인을 바라보는 인식이 옮겨갈 수 있도록 정책이 변화하고 있다. 장애인은 장애가 있을 뿐, 사회와 격리되지 않고 더불어 살아가야 할 존재라는 인식을 심어주는 데는 사회적 모델이 합당하다. 정책의 변화는 인식의 변화를 동반할 근거가 된다. 모두 함께 살아야 할 이웃이라는 인식이 모든 국민에게 심어져야 한다.

장애는 누가 만드는 것인가

'장애'라는 단어를 사전에서 찾아보면 '어떤 일의 성립, 진행에 거치적거려 방해하거나 충분히 기능을 못 하게 함'이라고 정의돼 있다. 또 '장애인'은 '몸이나 마음에 결함이 있어 일상생활이나 사회생활에 제약을 받는 사람'이라고 규정하고 있다. 장애障礙를 한 자씩 한자의 의미로 풀어보면 '막을 장'과 '거리낄 애'로 풀 수 있다. 이들 의미를 종합해보면 뭔가 불편한 사람이란 것만은 확실하다. 하지만 잘못 해석했다가는 사회에 방해가 되는 사람으로 오인할 수 있으니 주의가 필요하다.

장애인에 대해 인식은 아주 많이 변하고 바뀌었다. 오래전 사회는 동·서양을 막론하고 장애인이 생산성이 없어 사회에 보탬이 안 되는 무능력한 존재라는 인식이 강했다. 그래서 아무 죄 없는 장애인이 폭군에 의해 몰살당하는 사건이 역사 속에서 심심찮게 발생하기도 했다. 적어도 인류역사상 불과 수십 년 전에 이르러 비로소 사회복지라는 개념이 생겨나고 더불어 장애인이 함께 살아가야 할 우리의 이웃이라는 인식이 싹트기 시작했다. 이런 인식이 확산하기까지 참으로 오랜 시간이 흘렀다.

과거에는 장애가 발생하는 것을 개인의 문제로 여겼다. 그래서 가족 중 장애가 발생하면 가족 구성원이 전적으로 문제 해결에 나서야 했다. 가족 구성원의 도움을 받을 수 없는 경우에는 장애 당사자가 스스로 문제를 해결해야 하는 사례도 많았다. 이런 개념이 일반적이던 시대에는 장애가 재앙이라는 생각을 할 수밖에 없었고, 가족 구성원 중 누군가 장애를 갖게 되면 가족 전체가 삶 속에서 웃음을 잃고 빈곤에 허덕일 수밖에 없는 구조였다. 아무리 생각해도 너무 가혹한 시대였다.

그러다가 사회복지의 개념이 싹트며 장애는 개인의 문제가 아니라 사회가 함께 안고 가야 할 문제라는 인식이 확산했다. 비로소 장애인에 대한 사회적 관심이 생기고 작으나마 혜택이 부여되기 시작한 시점이다. 장애인도 당당한 이 나라의 국민이며 권리주체로 국민의 권리를 보장받아야 한다는 생각이 확산하기 시작한 것이다. 아주 바람직한 시각이다. 누구나 장애인이 될 수 있고, 어느 장애인도 원해서 장애인이 된 게 아니라는 사실을 인지하는 데까지는 꽤 오랜 시간이 흘렀다.

하지만 지금은 그보다 한발 더 나아간 인식이 요구되고 있다. 그 개념은 사회의 부족한 시스템과 대중의 무관심이 장애를 낳았다는 인식이다. 쉽게 설명하자면 모든 사회적 시스템이 장애인이 이동하고 생활하는 데 불편함이 없게 돼 있다면 장애는 의미가 없다는 생각이다. 즉, 모든 시설이 누구도 불편을 느끼지 않게 시스템이 갖춰져 있다면 장애는 존재하지 않는다는 관점이다. 실제로 휠체어를 탄 장애인이 불편함 없이 모든 시설을 이용할 수 있게 설비가 갖춰져 있다면 그는 굳이 장애를 겪을 필요가 없고, 나아가 장애인이 될 이유가 없다는 수준의 인식이다.

모든 사람이 수어를 구사할 줄 알아서 수어로 언제 어느 때 누구와 의사소통을 할 수 있다면 그는 장애인이라고 할 수 없다. 다수의 사회 구성원이 수어를 배우지 않고, 수어를 구사할 수 없어서, 수어를 사용하는 제한적인 인원이 장애인으로 분류된다는 생각을 하는 이들이 늘어나고 있다. 모든 서점과 도서관에 점자로 제작된 책이 넘쳐난다면, 시각장애인의 장애 문제는 자금보다 한결 진일보한 관점으로 바라볼 수 있을 것이다. 장애를 바라보는 시선은 이렇게 많이 바뀌었다.

하지만 여전히 장애와 장애인을 싸늘한 시선으로 바라보는 이들이 많다. 장애는 장애인만의 문제이고 자신에게는 절대 발생하지 않을 일이라고 생각하는 이들이 그만큼 많다. 하지만 전 국민의 5%가 넘는 258만 명이 장애인을 살아가고 있고, 이들 중 90% 가까운 인원이 사고나 질병 등 후천적 원인에 의해 장애인이 됐다는 사실을 알게 되면 생각이 달라질 것이다.

'장애억압'이란 말 들어보셨나요?

생활하다 보면 '장애 차별'이란 말을 곧잘 듣게 된다. 장애인과 비장애인 모두 같은 사람인데 왜 양자를 차별해서 대우하는가의 문제의식에서 비롯된 말이다. 대개는 장애인이 비장애인보다 장애인이 온당한 권리를 부여받지 못하는 상황을 지적할 때 '장애 차별'이란 말을 사용한다. 차별행위는 확연히 표시가 나는 행위로 구별이 용이하다. 그래서 이를 방지하기 위해 대한민국은 '장애인차별금지법'을 제정했다. 이 법에 따라 장애인은 대한민국 국민으로 살아가는데 차별받지 않을 당당한 권리를 확인받았다.

'장애차별'은 대등성의 문제로 부당성이 확연히 드러난다. 법을 통해 문제를 해결할 여지가 크다. 하지만 '장애억압Disability Oppression'이란 개념은 '장애차별'보다 그 골이 깊고 드러나지 않는 문제로 쉽사리 해결되기 어렵다는 제한성을 갖고 있다. '장애억압'은 오랜 세월 당연하다고 여기다 보니 누가 왜 억압하는지 알 수조차 없는 일이라고 이해하면 쉽다. 일반적으로 저항할 수도 없고, 대개의 사람은 문제라고 인식조차 할 수 없는 지경에 이른 것이 '장애억압'이다. '장애억압'은 정치, 사회, 문화적 문제가 복합적으로 작용한다.

그래서 억압하는 이를 찾기 어렵고, 해결책을 찾기도 어렵다. '장애억압'은 개인이 특정 집단 또는 사회에 속해 있으면서 정치적, 경제적, 사회적, 문화적으로 모든 지위를 박탈당하는 것이다. 예를 들면 장갑이나 운동화 등을 제조해 판매하는 기업이 장애인의 특성을 고려하지 않은 채 짝으로만 만들어 판매하는 것은 엄연한 '장애억압'이다. 피해자는 있는데 정확한 가해자가 누구인지 지목할 수 없어 누구를 탓할 수도 없고, 개선을 요구하기도 힘든 상황이다. 오랜 관행이 모든 문제의식을 덮고 있다.

'장애 차별'은 법의 제정과 정비를 통해 해결할 수 있지만 '장애억압'은 대단히 포괄적이고 대단히 오랜 시간에 걸쳐 관행으로 굳어진 상태라는 점 때문에 개선이 어렵다는 특성을 갖는다. 장애억압의 문화는 부지불식 간에 생활 속으로 스며들어 그것이 존재하는지를 스스로 깨닫지 못한다는 특성을 갖는다. 억압을 받는 장애인은 물론 억압을 하는 가해자조차 억압이라고 판단하지 못하는 상황이다. 그래서 더 무섭고, 해결이 더 어려운 문제이다. 문제의식을 느끼고 문제를 인지하고 해결책을 찾을 수 있는데 문제의식 자체가 없기 때문이다.

‘장애 차별’은 관련 법의 제정을 통해 상당 부분 극복해나가고 있지만, ‘장애억압’은 사회 구성원 전체의 관련 의식이 성장해야 차츰 극복할 수 있는 문제이다. 그래서 진행이 더딜 수밖에 없고, 단번에 해결할 수 없다는 특성을 갖는다. ‘장애 차별’은 물론 ‘장애억압’이 완벽하게 사라져야 장애인에 대한 편견의 진정한 소멸이라고 할 수 있다. 장애인은 그저 불편한 사람이다. 그런데 그 불편은 사회가 다수인 비장애인에 맞춰 설계돼 있기 때문이다. 하지만 소수자라는 이유만으로 차별받고 억압받는다. 이러한 차별과 억압은 성숙한 사회를 만드는 데 절대적 방해 요소이다.

‘장애억압’은 참으로 슬픈 말이다. 억압하는 대상이 누구인지, 언제부터 억압이 이루어졌는지 알 수 없으니 저항조차 할 수 없기 때문이다. 차별의 문제를 극복하고 나면 우린 다시 억압의 문제와 맞닥뜨리게 된다. 그러나 현재 우리는 차별조차도 제대로 극복하지 못하고 있다. 우리가 살아가는 이 사회는 온갖 차별과 억압이 존재하고 있다. 차별과 억압 속에 피해자는 일일이 저항하지 못하고 피해를 감수하고 있다. 일일이 저항하지 못한다는 사실도 어쩌면 ‘억압’의 한 갈래일 수 있다. 피해자는 있는데 가해자는 존재하지 않는 아이러니가 억압이다. 차별을 넘어서 억압까지 벗어던져야 진정한 해방에 이르게 된다.

장애와 관련해 사라진 말들

언어는 시대를 반영한다. 시대가 지나면서 사람들이 사용하지 않으면 소멸하기도 하고, 모두가 사용하면 신조어로 통용된다. 사회 구성원이 사용하지 않아 자연스럽게 소멸하는 말이 있는가 하면 사회적 합의에 따라 사용해서는 안 될 말로 규정해 사용하지 말자는 의식 운동을 통해 소멸시키는 말도 있다. 사회가 합의해 몰아낸 말을 사용하는 것은 시대에 뒤떨어진 행동을 하는 것으로 보면 된다. 의식이 부족한 행동을 하는 것으로 보면 된다.

장애와 관련된 용어 중에는 사회적 합의에 따라 소멸한 말이 참으로 많다. 대개는 장애인을 얕잡아 부르는 용어들이다. 표현하기조차 꺼려지지만 작심하고 말해본다면 과거에는 장애인을 가리켜 '병신'이라고 했다. 차마 입에 담을 수 없는 끔찍한 표현이다.

국민의 의식 수준이 얕고 남을 배려하는 문화가 정착되지 못했던 시절에 사용하던 저급한 용어이다. 하지만 아직도 이런 표현을 사용하는 무개념한 사람들을 발견한다. 참으로 안타까운 사람들이다.

한때는 '불구자'라는 말을 사용하기도 했고, '장애자'라는 말을 거쳐 '장애인'이 통영어로 자리를 잡았다. 잠시나마 '장애우'라는 표현을 쓰는 이들도 있었지만, 이 또한 부적절하다고 하여 요즘은 사용하지 않는 말이다. 사회 구성원 모두가 가장 적합한 용어라고 여겨 '장애인'이란 말이 공식 용어로 자리 잡는 데까지는 퍽 오랜 시간이 흘렀다. 이제는 보편적인 용어로 자리 잡아 누구랄 것 없이 보편적으로 장애인이란 용어를 자연스럽게 사용하고 있다. 참으로 다행스러운 일이다.

그런데 각론으로 들어가면 아직도 장애인을 비하하는 용어가 사회 곳곳에서 사용되고 있어 안타까움을 준다. 하나하나 예를 들어보겠다. 시력에 이상이 생겨 앞을 보지 못하거나 현저히 낮은 시력을 가진 사람을 과거에는 '봉사' '장님' '소경' 등으로 불렀다. 심지어는 속담 등에서도 '소경' '장님' 등의 용어는 흔히 사용됐다. 하지만 이제는 쓰지 않아 사회에서 추방된 말이다. '시각장애인'이란 표현이 바른 표현이다. 정착단계지만 아직도 시대의 변화를 깨닫지 못하고 과거의 용어를 사용하는 사람들이 있다. 바꿔어야 한다.

청력에 장애가 있는 이들을 과거에는 '귀머거리'라고 불렀다. 이 또한 없어진 말로 이제는 '청각장애인'이라고 부른다. 누가 들어도 '귀머거리'는 신체적 장애를 얕잡아 일컫는 표현이다. 그런 말은 사용하지 않는 것이 맞다. 언어생활에 장애가 있는 이들을 부르는 말도 과거에는 '벙어리'란 말이 쓰였다. 이 말 역시 얕잡아 일컫는 말로 사용해서는 안 될 말이고, 사회에서 추방당한 말이다. 그러니 절대로 사용해서는 안 될 말이다. 실수로라도 이런 말을 사용해서는 안 된다.

이밖에도 신체적 장애를 비하해 부르는 표현은 차고 넘친다. 허리가 심하게 굽은 사람을 '꼽추'라고 부르는 말도 '척추장애인'이라고 순화해서 불러야 한다. 다리가 불편해 일어서고 걷는 게 불편한 사람들을 '앉은뱅이'라고 부르던 말도 이미 구시대의 언어이다. 지성인이라면 절대 사용해서는 안 될 용어이다. 선천적으로 윗입술이나 입천장이 갈라지는 질환이 있는 이들을 '언청이'라고 부르는 용어도 순화해서 '구순구개열 장애인'이라고 부르는 게 맞다.

누군가를 비하하는 모든 용어는 대체 사용할 말이 있다. 순화된 용어, 누구에게도 상처를 주지 않을 용어로 바꾸어 사용하는 것이 맞다. 누군가로부터 "그럼 벙어리장갑은 뭐라고 불러야 하나요? 언어장애인 장갑이라고 해야 하나요?"라는 질문을 받은 적이 있다. '벙어리장갑'을 대체할 말로는 '엄지장갑' 또는 '주먹장갑', '손모아장갑'이라는 말이 선정되었다. 이렇듯 모든 용어는 아름답고 품위 있는 용어로 대체할 수 있다. 말은 그 사람의 인격이다. 품위 있는 말을 사용해 자신의 인격을 높이자.

장애인 학대와 처벌

장애인복지법이 있다. 이 법은 장애인에 대하여 신체적, 정신적, 언어적, 성적 폭력이나 가혹행위, 경제적 착취, 유기 또는 방임하는 행위를 '장애인 학대'라고 규정하고 있다. 장애인에게 성적 수치심을 주는 성희롱과 성폭력 등의 행위를 하면 10년 이하의 징역 또는 1억 원 이하의 벌금을 과하게 된다. 또 장애인의 신체에 상해를 입히거나 장애인을 폭행, 협박, 감금, 그밖에 정신상 또는 신체상의 자유를 부당하게 구속하는 수단으로 장애인의 자유의사에 어긋나는 노동을 강요하면 7년 이하의 징역 또는 7000만 원 이하의 벌금을 물리게 된다.

이 밖에 장애인의 신체에 폭행을 가하거나 자시의 보호·감독을 받는 장애인을 유기하거나 의식주를 포함한 기본적 보호 및 치료를 소홀히 하는 방임 행위, 장애인에게 구걸하게 하거나 장애인을 이용하여 구걸하는 행위, 장애인을 체포 또는 감금하는 행위, 장애인의 정신건강 및 발달에 해를 끼치는 정서적 학대하는 것도 강력히 처벌하고 있다. 위의 사항에 해당하는 행위자에게는 5년 이하의 징역 또는 5000만 원 이하의 벌금을 물리도록 하고 있다.

이 외에도 더 있다. 장애인을 위하여 증여 또는 급여된 금품을 그 목적 외의 용도로 사용하는 행위에 대해서는 3년 이하의 징역 또는 3000만 원 이하의 벌금을 물리게 된다. 공중의 오락 또는 흥행을 목적으로 장애인의 건강 또는 안전에 유해한 곡예를 시키는 행위는 1년 이하의 징역 또는 1000만 원 이하의 벌금을 물리게 된다. 이상에서 밝힌 모든 행위를 처벌하는 것은 장애인에 대한 인권 침해를 막으려는 조치이다. 비장애인에게도 행해서는 안 되는 내용이지만 특히 장애인에게 행했을 때는 더욱 무거운 처벌을 받게 된다.

이처럼 장애인에 대해 별도의 법을 제정해 그들의 인권을 보호하고자 하는 것은 장애인이 사회적 약자 신분이기 때문이다. 장애인은 신체적 또는 정신적 미약 상태이기 때문에 비장애인과 비교해 상황 대처 능력이 떨어질 수밖에 없다. 그런데도 이 나라 곳곳에서는 여전히 장애인이 약자라는 이유로 그들을 학대하는 일이 빈발하고 있다. 그래서 별도의 법을 제정해 처벌을 강화하고 있다. 강력한 처벌의 시행에도 불구하고 장애인에 대한 학대는 암암리에 여전히 이루어지고 있다.

특히 놀라운 사실은 장애인에 대한 학대가 가족이나 주변인 등 가까운 곳에서 장애인과 자주 접촉하는 사람들로부터 이루어지고 있다는 점이다. 정작 그들을 가장 보호해주어야 할 대상이 오히려 그들을 학대하고 있어 문제의 심각성을 더한다. 장애인 학대 사건은 공개되고 노출되지 않는 경우가 특히 많아 각별한 관심이 필요하다. 모든 국민이 장애인 인권에 대한 높은 감수성을 가질 때 학대는 발을 붙일 수 없게 된다. 장애인 인권문제에 대한 사회적 관심만이 학대를 몰아낼 수 있는 유일한 길이다.

국민적 장애 감수성을 높이기 위해 정부는 공공기관과 학교 등을 대상으로 장애인식개선 교육을 의무화하고 있다. 일반 기업에 대해서는 직장 내 장애인식개선 교육을 통해 장애인의 인권의식을 높이는 한편 장애인의 고용률을 끌어올릴 수 있도록 하고 있다. 교육이 확대되면서 사회 전반에 걸쳐 장애인에 대한 인식은 이전보다 많이 개선된 것은 사실이지만 아직 갈 길이 멀다. 장애인은 지금도 보이지 않는 곳에서 누군가로부터 부당한 처우를 받고 있을 수 있다. 누구라도 장애인이 될 수 있다는 사실을 인정하면 장애를 바라보는 시각은 고쳐질 수 있다. 사회적 약자인 장애인에 대한 학대는 사라져야 한다.

장애인과 직장, 그리고 근로

손에 화상을 입어 왼쪽 손가락이 3개뿐인 지체장애인이 모 홍보대행사에 입사지원서를 내 최종 합격하였다. 이 장애인은 신나는 마음으로 첫 출근을 했고, 이 회사 대표와 대면하게 되었다. 대표는 합격자의 손가락 상태를 확인하더니 "왼손 장애로 인해 회사 이미지에 나쁜 영향을 끼칠 수 있고, 여러 여건상 홍보대행사에 근무하는 것은 적합해 보이지 않는다."라며 더는 출근하지 말라는 통보를 했다. 이것은 실제 발생한 일이었다.

장애가 있는 사람을 채용하지 않거나 해고하려면 장애인이 그 직무를 수행할 수 없을 것이라는 객관적이고 합리적인 근거를 제시해야 하지만 위의 회사는 그렇지 못했다. 단지 고객 중심인 서비스업 특성상 왼손에 장애가 있어 부적합하다는 이유를 댔다.

이에 출근을 못 하게 된 장애인은 국가인권위원회에 진정을 접수했다. 인권위는 회사의 결정이 단순히 고객의 선호나 신체적 능력에 대한 차별적 고정관념일 뿐 특정 직무를 수행할 수 없는 정당한 사유로 인정될 수 없다고 판단하였다. 피해자는 복직을 희망하지 않았으므로 고용주에게 손해배상을 권고했다.

이러한 사례도 있었다. 중증 청각장애를 앓는 이공계열 대학 졸업예정자가 희망하는 회사의 신입사원 채용 공고를 확인했다. 이 회사는 응시자의 지원자격 중 영어 능력 점수 기준이 청각장애인이 도달할 수 없는 높은 수준이어서 원서조차 내지 못했다. 이 피해자 역시 국가인권위원회에 이 같은 사실의 부당함에 대해 진정을 접수했다. 인권위는 예정 직무 내용을 참작할 때 영어 의사소통 능력 시험 점수를 요구하는 것이 중증 청각장애인에게 불리한 결과를 초래할 수밖에 없다는 판단을 내렸다.

인권위는 피진정인(고용주)이 모집한 채용 예정 직무 내용을 고려할 때 영어를 사용하는 의사소통 능력이 직무 수행에 본질적으로 필요한 요건에 해당한다고 볼 수 없다고 보았다. 인권위는 장애인차별금지법 제10조 고용상 차별 규정 위반으로 판단하고 신입사원 채용 자격 지원 중 영어 능력 점수 기준을 정함에 있어 중증 청각장애인 응시자에게는 그 장애의 특성을 반영한 별도의 기준을 적용할 것을 권고하였다.

뇌병변 2급 장애인이 (재)○○문화연구원 주관의 국어 능력 인정시험에 응시하였는데 2교시 쓰기 시험의 경우 문제의 절반 정도를 100자에서 300자까지 쓰도록 하였다. 뇌병변장애인은 더 많은 시간이 필요했지만, 해당 연구원은 시험시간을 연장해 주는 등의 어떠한 조치도 취해주지 않았다. 이렇듯 장애인의 상황을 고려해주지 않으면 쓰기에 곤란을 겪어 낮은 점수를 받을 수밖에 없고 이로 인해 자격을 갖지 못하는 되고 취업에도 불리한 것은 당연했다. 피해자는 인권위에 진정을 접수했다.

인권위가 조사해보니 뇌병변장애인에게 시간 연장 등의 편의를 제공해주기 위해서는 16만 원 정도의 비용이 발생하는 것으로 파악됐다. 인권위는 이 정도의 금액이 과도한 부담이 되거나 현저히 곤란한 사정을 볼 수 없다고 판단했다. 따라서 국가인권위원회법 제2조 3호에 의해 정당한 사유 없는 차별이라고 본 것이다. 또한, 헌법 제11조 평등권과 제15조 직업 선택의 자유를 침해할 소지가 있다고 보았다.

이처럼 장애가 있다는 이유로 직업선택을 하는데 차별을 당하는 사례는 넘쳐난다. 장애의 특성을 이해하고 그들에게 정당한 편의를 제공하면 무리 없이 취업할 수 있고, 나아가 직무를 수행하는데도 지장이 없을 것인데 고용주는 이를 무시하고 있다. 이러한 사례만 시정되어도 장애인의 고용은 대폭 늘어날 수 있다.

장애인은 전문성이 떨어지고 보수도 낮은 직종의 일만 적당히 주면 된다는 의식이 여전하다. 장애인도 일하고 싶다. 그 문제만 해결해주어도 장애인의 행복 지수는 올라갈 수 있다. 사회적 평등은 이러한 의식에서 출발한다.

장애인도 일하고 싶다

늘 일하는 사람은 일하는 즐거움을 잘 알지 못한다. 그러나 일하고 싶지만 일하지 못하는 이들이 겪는 고통은 참으로 크다. 우리가 흔히 '일'이라고 표현하는 '근로'는 개인에게 여러 의미가 있다. 단순히 생계를 위한 수단이라고만 생각할 문제가 아니다. 일을 통해 자존감을 느끼게 되고, 성취감을 느끼게 되며, 삶의 보람을 찾을 수 있기 때문이다. 일하고자 하는 사람과 일자리는 꼭 맞아떨어지지 않는다. 어느 한쪽이 많아서 불균형을 이룰 때가 대부분이다. 대개는 일하고자 하는 사람이 많은데 일자리가 부족한 상황이다.

더구나 과학기술의 발달로 기계화, 전산화하는 영역이 많아지면서 인간의 일자리는 점차 줄어들고 있다. 일자리는 제한적인데 일하고 싶은 이들은 점차 늘어나는 추세다. 결국, 일자리를 차지하기 위한 경쟁은 점차 거세질 수밖에 없다는 얘기다. 사정이 이렇다 보니 취약계층이 일자리를 차지할 가능성은 갈수록 줄어들고 있다. 특히 장애인의 경우, 일할 기회는 점점 줄어들고 있어 이것이 또 하나의 사회적 문제로 대두되고 있다. 이 문제를 시장에만 맡겨둘 수가 없어 정부가 해결사로 나섰다.

그래서 출현한 법이 '장애인고용촉진 및 직업재활법(장애인고용법)'이다. 이 법의 제1조는 '이 법은 장애인이 그 능력에 맞는 직업 생활을 통하여 인간다운 생활을 할 수 있도록 장애인의 고용촉진 및 직업 재활을 꾀하는 것을 목적으로 한다'라고 기록하고 있다. 장애인고용법은 정부와 지자체는 전체 근로자의 3.4%, 50인 이상 근로자를 고용한 민간사업주는 전체 근로자의 3.1% 이상을 장애인으로 채용하도록 의무화하고 있다. 법을 통해서라도 장애인에게 일자리를 제공하여 인간다운 삶을 누릴 수 있게 하자는 것이 이 법의 취지이다.

이 법은 의무고용 미달사업체에 고용부담금을 물리고, 의무고용 초과 업체에 고용장려금을 지급하는 '장애인고용장려금 지원제도'를 비롯해 장애인 노동자가 불편함 없이 일할 수 있는 환경을 만들기 위한 '고용환경개선 지원제도', 장애인 노동자가 장애특성에 맞게 제작된 장비나 기기 등을 사용할 수 있도록 지원하는 '보조공학기기 및 고용관리비용 지원제도', 장애인 다수를 고용한 사업체에 세액을 감면해주는 '세액지원제도' 등을 골자로 한다. 장애인에 대한 법정 의무고용률을 지정해 성과보수와 페널티를 정확히 부여하는 것이다.

관련 법의 제정과 정부의 부단한 노력 등에 힘입어 장애인의 고용은 꾸준히 증가하고 있고, 정착 도가 높아짐에 따라 의무고용 비율도 점진적으로 상향 조정하고 있다. 실제로 장애인을 고용한 사업장은 장애인 고용을 통해 얻을 수 있는 정부의 혜택이 예상보다 크고, 장애인들이 비장애인 보다 뒤지지 않는 생산력을 보이며, 적응력도 높다는 사실에 큰 만족감을 보인다. 법에 따라 시작된 제도지만 실질적인 고용 확대가 이루어지면서 장애인 고용의 실효성이 입증되고 있다. 사회적 인식의 변화와 더불어 장애인의 고용은 점차 확대할 것으로 기대한다.

각 사업주가 장애인 고용을 꺼렸던 이유는 여럿 있지만 가장 큰 이유는 장애인에게 적합한 직무를 찾지 못했거나, 있더라도 그 직무가 부족하다고 생각하기 때문이다. 하지만 웬만한 일은 보조기구 등을 이용하면 충분히 해낼 수 있다는 사실이 여러 고용 사례를 통해 입증되었다. 이런 사례가 늘어날수록 장애인의 고용은 점차 확대될 것으로 기대하고 있다. 전체 국민 수 대비 장애인의 비율은 5%를 넘어서고 있지만, 이에 비해 고용률은 아직

턱없이 뒤떨어지는 것이 현실이다. 아직은 가야 할 목적지가 먼 이유이다.

일은 사람에게 생계의 수단이라는 의미 이외에 다양한 의미가 있다. 세상에는 일하고 싶지만, 일자리를 찾지 못하는 장애인이 너무도 많다. 장애인을 시혜의 대상으로만 여기는 것은 한참 잘못된 시각이다. 장애인에게 무상으로 무언가를 제공하는 것보다 그들이 일할 수 있게 해주고 그 대가를 가져갈 수 있게 해주는 것이 진정한 복지이다. 복지는 더불어 사는 사회의 완성을 전제로 한다. 적자생존을 앞세우는 자본주의의 냉혹한 단점을 극복하는 데는 복지가 최선의 답이다.

장애인이 아닌 사람을 무어라 부를까?

이따금 생활 속에서 '장애인'에 반대되는 개념을 '일반인'이라고 사용하는 것을 목격한다. 예로 엘리베이터 앞에 '이 엘리베이터는 장애인용이므로 일반인은 계단을 이용해 주세요.'라고 적힌 문구를 본다. 쓴 사람이나 읽는 사람이나 별생각 없이 받아들인다. 그게 문제다. 이런 경우를 일컬어 장애 감수성이 부족하다는 표현을 쓴다. 장애인에 대해 그들의 처지에서 생각하지 않는 버릇이라면 쉽게 이해가 될까?

일반인은 '특별한 지위나 신분을 갖지 아니하는 보통의 사람'으로 사전에 정의돼 있다. 장애인을 일반인으로 보지 않는다는 것은 그들을 특수한 사람으로 보는 것이다. 그러나 장애인은 특별할 게 없는 우리의 보통 이웃이다. 다만 신체에 또는 정신에 이상이 생겨 사회생활을 하는 데 불편함을 느끼는 사람일 뿐이다. 사회생활을 하는 데 불편하다고 해서 그것이 특수하다고 볼 이유는 없다. 그러니 모든 장애인은 일반인이다. 일반인이 아니라고 보는 시각은 잘못됐다. 의식의 개선이 필요하다.

장애인의 반대 개념을 일반인이라고 보는 시각은 장애 감수성의 부족으로 인한 것이다. 교육을 통해 생각을 바꿀 기회를 얻는다면 자기 생각이 잘못됐다는 것을 금세 깨닫고 고칠 수 있는 정도이다. 장애인의 반대말을 '정상인'이라고 생각하는 이들이 있다. 이는 장애 감수성 부족의 정도가 극심한 경우이다. 장애인을 비정상인으로 생각하고 있다는 방증이기 때문이다. 장애는 불편의 유무를 가르는 기준이 될 뿐이지 정상과 비정상으로 나눌 기준은 될 수 없다. 장애인도 정상인이다. 다만 장애가 있을 뿐이다.

사회 구성원의 교육 수준이 올라가고, 남을 배려하는 풍토가 확산하며 사회적 약자를 바라보는 시각이 상당히 빨리 개선되고 있는 것은 맞다. 여성, 아동, 노인, 장애인 등은 사회적 약자로 분류된다. 그런 약자에 대해 어떤 의식을 갖는지는 그 사람의 인권 감수성과 직결된다. 나와 다른 처지일 뿐 내가 옳고 상대는 틀렸다는 개념을 갖는 것이 약자에 대해 감수성을 갖는 기본이 된다. 이런 감수성이 부족할 때 이 사회를 살아가는 데 부적응자가 될 수 있다. 사회는 더불어 살아가는 곳이기 때문이다.

장애인을 접할 때 배려하고 조심해야 할 일들이 있다. 불편한 이들이 불편함을 느끼지 않게 배려하는 것은 이 사회를 살아가는 모든 이들에게 필요한 에티켓이다. 장애인을 대할 때 조심해야 할 일 가운데 으뜸은 용어의 바른 사용이다. 앞서 말한 대로 장애인이 아닌 사람을 장애인 앞에서 '정상인' 떠는 '일반인'이라고 표현하는 것은 큰 결례이다. 자신의 인격을 위해서라도 절대 사용해서는 안 될 말이다. 지성인으로 살고자 한다면 그 점을 명심해야 한다. 남에게 상처가 될 말은 하지 않는 것이 상책이다.

장애인이 아닌 사람을 지칭하는 가장 올바른 표현은 '비장애인'이다. 장애가 없는 사람이란 뜻이다. '장애가 있는 사람'의 반대말이니 '장애가 없는 사람'이란 표현이 적합한 것은 당연하다. 간혹 장애인을 '장애우'라고 부르는 사람도 만난다. 그러나 그 또한 부적합한 표현이다. 장애 당사자가 "우리 장애우들은~"이라고 말한다면 자신을 스스로 친구라고 표현하는 어처구니없는 표현이 된다. 또 연로한 어른을 일컬을 때도 '장애우 노인'이라고 한다면 장애 노인 친구라는 표현이 된다. 이 또한 옳지 않다.

'장애자'라는 표현을 쓰는 이들도 가끔 본다. 구시대적 표현이다. 과거에는 '장애자'라는 표현을 쓰기도 했지만 없어진 말이다. 선거가 끝나고 선거에서 승리한 이들을 일컫는 말도 한때는 '당선자'라고 하던 것을 이제는 '당선인'이라고 한다. 그와 같은 이유라고 생각하면 된다. '~한 자'라는 표현보다는 '~한 사람'이란 표현이 친숙하다고 여기면 된다. 무심코 던진 말 한마디가 누군가에게는 상처가 될 수 있다. 그러니 반드시 '장애인'이란 말을 사용해야 한다. 거듭 밝히건대 장애인의 반대말은 '일반인'이나 '정상인'이 아니라 '비장애인'이다.

장애인차별금지법을 아시나요?

이 땅에는 차별받고 사는 많은 사람이 있다. 그중 가장 대표적 부류는 장애인이다. 그래서 장애인에 대한 차별을 금지하는 내용을 담은 조항이 일부 법률에 녹아있었다. 하지만 그 조항만으로는 해결하기 어려운 인권의 문제, 장애인 삶 자체의 문제를 해결하기에는 역부족이었다. 그래서 장애인 차별의 특수성을 고려해 장애인 삶 전 영역과 전 생애를 통해 마주치는 차별을 해결할 수 있는 법률 제정의 필요성이 강하게 대두되었다.

그래서 2002년 '열린장애인네트워크'와 '장애우권익문제연구소'가 각각 '장애인차별금지법(안)'과 '장애차별금지법(안)'을 구상하게 되었다. 2003년 1월 25일 밤 '한국장애인단체총연맹'과 '한국장애인단체총연합'을 필두로 군소 단체의 모임인 제3그룹 소속 실무진

이 모여 대책 회의를 했다. 4월 15일에는 이들 단체가 총 결집하여 '장애인차별금지법 제정 추진연대(장차연)'을 출범하게 되었다. 참으로 오랜 기간 눈물 나는 과정을 거쳐 법 제정을 목전에 두게 되었다.

2007년 3월 6일 국회의원 197명이 출석한 가운데 본회의가 열려 196명의 찬성으로 장애인차별금지법은 국회를 통과했다. 4월 4일에는 대통령이 서명하였고, 4월 10일 자 관보에 게재되었다. 이러한 과정을 거쳐 장애인차별금지법은 2008년 4월 11일을 기해 본격 시행되기에 이르렀다. 2002년 첫 논의가 시작된 이후 구려 6년의 세월이 흐른 뒤 2008년에 비로소 법률이 제정되고 효력이 발생하기 시작한 것이다.

장애인차별금지법은 '직접차별'을 비롯해 '간접차별', '정당한 편의 제공 거부', '광고에 의한 차별', '장애인 관련자에 대한 차별', '보조견 및 보조기구 차별 금지' 등 장애인 차별과 관련한 포괄적인 내용을 담고 있다. 이 법이 발효되면서 장애인의 입학 거부, 주택 등의 임차 거부, 식당 등의 입장 거부, 대중교통의 승차 거부, 취업 거부 등 사회에 만연했던 장애인에 대한 차별이 자취를 감추게 됐다. 또한, 장애를 이유로 이동에 불편을 겪는 일, 시험 등에서 불리한 조건을 당하는 일 등이 사라지게 되었다.

공공기관을 비롯한 건축물에 경사면과 엘리베이터가 설치됐고,

보도에 점자블록이 생겨난 것도 이 법에 기초한다. 시각장애인이 요구하면 점자로 각종 고지서나 안내문을 제공하도록 한 것도 마찬가지다. 광고 등에서 장애인을 불쌍한 존재, 불우한 이웃으로 표현하는 것이 금지된 것도 이 법률에 근거한다. 장애인이 방송이나 광고 등에서 제한받거나 거부 받는 일이 사라지게 된 것도 역시 이 법률에 따른 조치이다.

장차법은 핵심 내용은 차별금지를 담은 제10조에 집약돼 있다. 1항은 '사용자는 모집·채용, 임금 및 복리후생, 교육·배치·승진·전보, 정년·퇴직·해고에 있어서 장애인을 차별해서는 아니 된다.' 제2항은 '노동조합은 장애인 근로자의 조합가입을 거부하거나 조합원의 권리 및 활동에 차별을 두어서는 아니 된다.'라고 명시하고 있다. 또 11조는 정당한 편의 제공 의무를 담아 '사용자는 장애인이 해당 직무를 수행하면서 장애인이 아닌 사람과 동등한 근로조건에서 일할 수 있도록 정당한 편의를 제공하여야 한다.'라고 명시하고 있다.

장차법이 시행된 지 13년의 세월이 흘렀다. 많은 부분이 개선되고 사회 인식도 나아졌지만, 아직도 우리 사회 곳곳에는 장애인에 대한 차별이 존재하는 것이 사실이다. 이제 우리 사회는 장애인에서 한발 더 나아가 소수자이면서 약자로 살아가고 있는 모든 이들에 대한 사회적 차별을 없애기 위해 '차별금지법' 제정을 위해 분투하고 있다. 차별이 없는 세상은 우리가 꿈꾸는 가장 아름다운 세상이다. 세상 누구도 자신이 차별받기를 원치 않는다. 그래서 차별금지법의 제정은 꼭 필요하다.

코로나 시대의 장애인

코로나 19는 인류에게 대재앙을 안겼다. 21세기를 살아가는 지구촌 77억 명의 생활을 뒤바꾸어 놓았다. 종전의 방식대로 살아가는 것을 불허하고 있다. 기본적인 생활방식을 전혀 새로운 세계로 이끌어가고 있다. 전혀 경험해보지 못한 세계를 모든 인류가 경험해가고 있다. 과거에도 인류에게 위협이 되는 질병의 대유행이 여러 차례 있었지만, 지금과는 상황이 다르다. 세계가 하나의 생활권으로 묶여 있다 보니 특정 지역, 특정 국가, 특정 대륙에 그치지 않고 지구촌 전체의 생활을 뒤흔들어 놓고 있다.

코로나 19 바이러스가 종식된다면 전 세계가 함께 종식될 것이고, 그 영향력에서 벗어나지 못한다면 그 또한 세계가 함께 갈 것이다. 그러나 이 살벌한 코로나 상황 속에서도 고통의 차이는 분명 발생하고 있다. 선진 의료체계를 갖춘 나라의 국민은 어느 정도 바이러스의 공포에서 보호받을 수 있지만, 그러지 못한 나라의 국민은 아무런 대책 없이 홀로 질병의 공포와 맞서야 한다. 국가의 역할이 정상 가동하는 경우와 그렇지 못한 경우의 질병 대처 차이는 클 수밖에 없다.

하지만 같은 국가 내에 거주하는 같은 국민이라 하더라도 각 국민이 처한 상황이나 처지에 따라 또 다른 차별이 발생할 수 있다는 점은 주목해야 할 대목이다. 이러한 국가적 아니 세계적 특수상황이 닥치면 가장 치명적 위험에 처하게 되는 부류 중 하나가 장애인이다. 상황 대처 능력이 떨어질 수밖에 없는 노인이나 어린이 등도 문제지만 장애인이 맞는 상황은 더욱 심각하다. 그래서 그들이 더 위험한 상황에 놓인다고 말하는 것이다.

정신적 장애인의 경우, 사태의 심각성을 인지할 수 없을 뿐 아니라 대처 능력이 현저하게 떨어질 수밖에 없다. 그래서 위험에 노출될 확률이 그만큼 커진다. 인지력이 있더라도 신체적 장애가 있는 이들 또한 코로나 상황의 최대 피해자 부류이다. 활동 보조사 등의 활동이 그만큼 위축되고 각종 사회복지 시설도 평상시와 비교할 수 없을 만큼 제한된 운영을 할 수밖에 없기 때문이다. 그러니 그들의 건강은 제대로 관리될 수 없다. 가뜩이나 활동이 제한적인데 위기상황에는 바깥 활동을 포함한 신체활동을 그나마 할 수 없게 된다는 점도 문제가 된다.

모두가 다 어렵고 고통스러운 상황이니 장애인만 어렵다고 호소할 수는 없는 노릇이다. 하지만 어려울 때일수록 나보다 더 어려운 처지에 놓인 사람이 누구인지 한 번쯤 주위를 살펴보는 마음의 여유를 가져야 한다. 내가 모든 것을 갖추고 난 후에 주위를 살피겠다는 마음가짐이라면 평생에 걸쳐 주위를 살필 시간은 생겨나지 않을 것이다. 모두가 어려울 때 나보다 더 어려운 사람이 누군지 살펴보고 그들을 향해 도움의 손길을 내미는 것이 진정한 박애요, 인류사랑 이다.

코로나 펜더믹 이후 많은 장애인이 제때 적절한 치료를 받지 못하거나, 활동 보조 서비스를 받지 못해 불편함을 겪고 위험 상황으로 내몰리는 일이 발생하고 있다. 경제활동에 참여하지 못해 궁지로 몰린 장애인도 속출하고 있다. '모두가 어려운데 어찌 장애인만 살피라 하는가'라고 반문할 수도 있지만, 장애인만 살피라는 것은 절대 아니다. 어려운 상황일수록 더 어려운 사람이 누구인지 생각해보는 성숙한 의식을 갖자고 제안하는 것이다.

중증장애인이 코로나에 감염돼 입원했는데 병원에 보조기구가 전혀 갖춰있지 않아 결국 퇴원해야 했고, 그 장애인 환자의 부인이 병간호할 수밖에 없다는 뉴스를 접했다. 이러한 사실은 위기 상황이 취약계층에게 얼마나 더 큰 위기로 다가오는지를 단적으로 보여준 사례라 할 수 있다. 모두가 어려운 사태지만 잠시만 눈을 돌려 더 큰 고통을 받는 이들을 살펴보자. 위기에 맞닥뜨릴 때마다 나보다 더 위험한 사람을 찾아 도울 수 있는 마음이 모이면 그 사회는 진정한 선진사회요, 복지사회라 할 수 있을 것이다.

Chapter Five

아픈 손가락

김도운 단편소설

⠅⠶⠗⠫

⠅⠶⠗⠫ ⠊⠽⠨⠕⠣⠒⠴⠈⠝

— 1 —

"재영엄마 미안해요! 우리 은동이가 오늘도 애를 먹였어요. 재영아 미안! 우리 때문에 재영이가 매일 기다리느라 힘들 구나. 그치? 학교 끝나고 집에 오면 아줌마가 오늘 저녁에 맛있는 거 해줄게."

"사정 뻔히 아는데요 뭘. 그런 말 하실 필요 없고, 얼른 가시자고요. 재영아 아줌마한테 인사드려야지. 은동이형한테도 인사하고."

"안녕하세요?"

재영은 엄마가 시키는 대로 인사는 하지만 여느 아이들처럼 집중력이 없다. 인사를 하면서도 입으로만 인사를 할 뿐 고갯짓하고 시선은 차창 밖을 바라보고 있다.

"은동이도 아줌마하고 재영이한테 인사해야지."

"안녕·하·세·요? 안녕~하~세~요? 하하하 안·녕·하·세·요?"

은동이도 마찬가지다. 하지 않아도 될 반복인사를 하지 않나, 매번 인사를 하면서도 음색을 달리한다. 시키니까 하긴 하지만 인사의 의미를 모르는 것이다.

언제나 아침이면 허겁지겁 급해진다. 차분히 앉아 천천히 밥을 먹어 본 적이 언제인지 기억조차 못 하겠다. 은동 엄마 이금옥과 재영 엄마 조성란은 매일 아침 세상 누구보다 정신없이 아침 시간을 보낸다. 자폐 장애가 있는 아이들을 깨워서 씻게 하고, 밥을 먹이고, 옷을 입혀 등교 준비를 하는 일이 다른 집보다 10배는 어렵다. 이들은 벌써 5년째 차 한 대에 아이들을 태우고 1시간 반 남짓 서울에 있는 성세학교에 간다. 이들이 사는 곳은 경기도 시흥으로 시흥에는 자폐를 앓고 있는 아이들을 전문적으로 교육할 수 있는 시설이 없어 수소문 끝에 집에서 가장 가까운 서울 소재 전문학교를 찾아냈다. 같은 처지의 이웃이다 보니 둘은 자연스럽게 친한 사이가 됐다. 평소에도 가장 많이 정보를 공유하고, 속마음을 가장 많이 털어놓는 사이이다.

은동은 열두 살로 재영이보다 한 살이 많다. 유아복지시설에서 처음 만나 알게 됐고 성세학교까지 같이 다니게 됐다. 금옥은 결혼 전 운전면허를 땄지만 이후 실제로 운전을 해본 적이 없다. 그래서 성란이 재영을 등교시킬 때 카풀을 이용하고 있다. 자폐성 장애가 있는 은동과 재영은 또래와 비교하면 지적 능력이 떨어지는 데다 돌발적으로 난폭한 행동을 하기도 하고 느닷없이 고래고래 소리를 지르기도 한다. 그래서 혼자 두 아이를 차에 태우고 운행하는 것이 불가능하다. 한 명이 운전에 열중하는 사이 다른 한 명은 아이들을 돌봐야 한다. 그러니 서로에게 아쉬운 존재이다. 홀아비 사정 과부가 안다고 했던가. 이웃인 금옥과 성란은 서로의 아픔을 가장 잘 이해해 주는 사이면서 의지하는 사이다. 동갑내기로 알게 된 지는 8년째지만 아직도 서로 존대한다.

금옥은 희망의 끈을 놓지 않는다. 계속 교육하다 보면 언젠가 은동이 스스로 기본생활을 할 수 있을 것이라 기대하고 있다. 장애 자녀를 둔 모든 부모의 마음은 한결같다. '살아있는 동안은 어떻게 해서든 내가 너를 책임진다. 다만 내가 죽기 전에 너 혼자 최소한의 생활을 할 수 있게 해주는 것이 나의 도리라고 생각한다.' 금옥 역시 이 같은 생각이 간절하다. 은동이 여느 아이들처럼 혼자 힘으로 모든 것을 척척 해내리라고는 기대도 안 한다. 그저 기본적인 생활을 할 수 있을 만큼만 아이를 가르쳐 놓는 것이 최대의 바람일 뿐이다. 재영엄마 성란도 사정은 같다. 다른 집 아이들 '공부를 잘하네, 못 하네, 1등을 했네, 2등을 했네' 하는 소리는 금옥과 성란에게는 사치일 뿐이다. 자신들이 세상에 없어도 혼자 살아갈 수만 있게 기본생활을 해준다면 더 바랄 것이 없다. 아이들이 아무 탈 없이 건강하게 자라주는 것에 만족하지 못하고 공부니, 운동이니 욕심을 부리는 부모들을 보면 순간 부아가 치밀어 오를 때가 한두 번이 아니었다.

"다 왔다. 어서 내리자. 바로 들어가자. 재영엄마 수고하셨어요. 애들은 내가 데려주고 올 테니 기다리세요."

"재영아, 은동아 엄마하고 아줌마한테 '학교 다녀오겠습니다' 이렇게 인사해야지."

"학교 다녀오겠습니다."

"학교 다녀오겠습니다."

성란은 직업이 없는 전업주부로 재영을 등교시키고는 집으로 돌아간다. 하지만 금옥은 학교 근처 마트에 가서 평일에만 파트타임으로 오전과 오후 각 3시간씩 점원으로 일을 한다. 남들에게는 그저 "반찬값이나 벌까 해서요."라고 말을 하지만 실상 점원 일을 해야 하는 이유가 따로 있다. 은동이 아빠는 중견기업의 과장으로 직장 내에서 인정받는 일꾼이다. 대기업에 납품하는 탄탄한 중견기업으로 월급도 여느 회사 못지않게 많아서 금옥이 굳이 마트 점원까지 해야 할 정도의 형편은 아니다. 하지만 금옥은 벌써 5년째 마트 점원 일을 하고 있다.

성란은 다시 시흥 집으로 돌아갔다가 아이들이 하교하는 시간에 맞춰 4시 반쯤 다시 학교로 온다. 출퇴근 시간을 피하면 1시간이면 집에 다다를 수 있다. 그래서 성란은 금옥을 마트까지 태워

주고 집으로 간다. 금옥은 6시간 일을 하고 나서 시간 맞춰 학교로 가서 성란과 함께 아이들을 태워 집으로 돌아온다. 다른 아이들은 학교 버스가 등·하교를 시켜주고 있지만, 은동과 재영은 학교버스 노선이 닿지 않는 지역에 거주하는 데다 아이들이 언제 어떤 형태로 버스 안에서 괴상한 행동을 할지 몰라 불안한 마음에 직접 승용차로 등하교를 해주고 있다. 버스 노선이 닿는 곳에 살면서 버스를 타고 등·하교할 정도로 상태가 양호한 아이들을 보면 그것조차 부럽다. 장애 아이를 키워보지 못한 부모는 상상도 할 수 없는 소박한 꿈이 그들에게는 있다.

종일 서서 매장을 부산스럽게 오가는 일이다 보니 집에 돌아오면 다리가 붓는다. 집으로 돌아오는 차 안에서 때로는 졸음이 쏟아지기도 하지만 아이들이 불안해서 잠을 청할 수 없다. 그보다도 운전하는 성란에게 미안해서 편하게 잠을 청할 수가 없다. 아침 등교 때 온 집안이 난장판이 되다 보니 하교 후 돌아오면 집은 아수라장이 따로 없다. 지친 몸이지만 치울 곳은 치워야 하고 저녁 식사도 준비해야 한다. 중학생인 큰아들 효동이는 학교를 마치고 학원 한 군데를 갔다가 집에 오면 오후 6시쯤 된다. 금옥과 은동이 집에 도착하는 시간은 대략 5시 반쯤이다. 효동이가 집에 도착하자마자 배가 고프다고 성화를 하는 탓에 집에 오자마자 식사 준비를 해야 한다. 은동은 집에 오면 정리정돈을 하기는커녕 서랍과 신발장 등을 뒤져가며 이것저것 꺼내 놀며 집을 난장판으로 만든다.

효동이는 사춘기가 되더니 말수가 없어졌다. 그전에는 동생과 잘 놀아주기도 하더니 중학생이 된 이후부터는 방문을 걸어 잠그고 혼자 있는 시간이 많아졌다. 동생 은동에게도 전에 없이 쌀쌀맞게 군다. 엄마가 안 보는 틈을 타서 주먹질하기도 한다. 엄마가 늘 은동이 곁을 지키는 것 자체가 못마땅하다. 사실 효동이도 큰 피해자이다. 초등학생 때 은동이를 데리고 나가면 친구들에게 놀림을 당하기 일쑤였고, 같이 마트나 식당 등을 갔을 때 돌발행동을 하면 어쩔 줄 몰라 했다. 더구나 은동이 한번 떼를 쓰기 시작하면 원하는 것을 들어주기 전까지 멈추지 않아 온 가족이 난감했던 때가 한두 번이 아니었다. 엄마는 늘 은동이 차지였다. 효동이는 어려서부터 엄마의 품에 안겨 응석 한번 제대로 못 부려봤다. 늘 희생을 강요받았다.

"넌 형이란 녀석이 그렇게 이해심이 없니? 동생하고 똑같이 굴어야 하겠니?"

하루에도 몇 번씩 이런 얘기를 들어야 했다.

– 2 –

효동과 은동의 아버지이자 금옥의 남편인 서정섭은 이날도 10시가 넘어서 술에 취해 귀가했다. 정섭이 이렇게 늦게 귀가를 한 것은 벌써 수년째다. 알코올에 약한 체질로 태어난 그는 과음하지는 않지만, 수년 전부터 거의 매일 술을 마시는 편이다. 담배는 하루에 한 갑 반씩 30여 개비를 피워 골초라고 주위에 소문이 났다. 담배도 전에는 이렇게 많이 피우지 않았다. 술을 마시기 시작한 시점과 피우는 담배양이 급격히 늘어난 것은 비슷한 시기이다. 은동이 8살이던 해 정섭과 금옥은 서울대병원 소아정신과를 찾아가 정밀검사를 했다. 이미 대여섯 살이 됐을 때 자폐아라는 사실은 인지했지만 그래도 희망을 버리지 않았다. 열심히 치료하면 정상적인 생활을 할 수 있는 아이가 될 것이라고 굳게 믿었다. 그러나 정밀검사를 받고 나서 정섭은 돌변했다. 금옥도 절망에 빠져든 것은 마찬가지였지만 유독 정섭은 그 충격에서 헤어나질 못했다.

은동이 8살이 되던 해 정섭은 직장 휴가를 내고 효동이를 할머니에게 맡긴 채 금옥과 함께 은동이를 데리고 서울대학교 병원을 찾았다. 사흘간 시흥과 서울을 오가며 대학교 병원에서 할 수 있는 검사를 다 했다. 하지만 의사가 건넨 말은 정섭을 나락으로 밀어 넣었다.

"인정하셔야 해요. 은동이는 자폐성장애를 갖고 있습니다. 그 원인이 궁금하시겠지만, 저희로서는 명쾌하게 드릴 답변이 없네요. 원인은 대략 400가지 정도로 봅니다. 그중 어떤 원인이 은동이에게 작용한 것인지는 알 수 없습니다."

"아니 그럼 원인을 모르니까 치료도 불가능하단 말씀인가요? 여기는 대한민국 최고라는 서울대학교입니다. 선생님, 제발 부탁드립니다. 길을 찾아 주세요. 간곡히 부탁드립니다."

"아버님 심정은 이해합니다. 그렇지만 저희가 할 수 있는 일은 없습니다. 400가지 중 어떤 원인 때문인지 조사할 수는 있습니다. 그 조사를 하자면 자그마치 열흘 이상이 걸리고 아이가 녹초가 될 겁니다. 돈도 수천만 원이 듭니다. 그런데 중요한 건 원인을 알게 되더라도 치료는 없다는 겁니다."

"한국에서 안 된다면 미국이라도 건너가 보겠습니다. 안 되는 겁니까?"

"글쎄 아버님 심정은 이해한다니까요. 안 되는 일을 된다고 말씀드릴 순 없습니다. 현 상태에서 꾸준한 교육과 재활로 아이의 생활 능력을 키워주는 것이 최고의 선택입니다. 안타깝지만 더는 드릴 말씀이 없네요."

6년 전 그날이었다. 그날 이후 정섭은 말을 잃었다. 담배만 피워 물었다. 몇 날을 밥도 먹는 둥 마는 둥 하고 넋이 나간 사람처럼 먼 하늘을 바라보며 담배만 피웠다. 실낱같던 희망도 모두 무산되고 나니 앞이 깜깜했다. 살아가야 할 이유를 찾지 못했다. 정섭과 금옥은 며칠째 아무런 대화도 나누지 않았다. 정섭은 밤에도 옷을 제대로 갈아입지도 않은 채 혼자 거실에서 새벽까지 창밖만 내다봤다. 새벽 서너 시가 넘어서야 겨우 소파에 쭈그리고 쪽잠을 잤다. 2~3시간 겨우 눈을 붙이고 아침 식사도 거른 채 출근하기를 반복했다.

"효동 아빠, 정섭 씨 정말 왜 그래? 당신 실망하는 거 알아. 하지만 안 되는 일을 어쩌란 말이야. 이럴수록 가장인 당신이 더 확실히 자리를 잡아주어야 하는 거 아냐? 대체 왜 이래?"

"……"

"정말 나도 미쳐버릴 것 같아. 당신 정말 너무하네. 흑흑흑"

금옥은 참았던 눈물을 쏟아냈지만, 정섭은 아랑곳하지 않고 그대로 현관문 밖으로 나가버렸다.

금옥은 잘 몰랐다. 그날의 그 충격이 그토록 오랜 세월 이어질 줄은.

정섭은 평소 웬만해선 입에 대지 않던 술을 마시기 시작했다. 타고난 체질이 술에 약해서 많이는 마시지 않았다. 하지만 술을 마시고 귀가하는 횟수가 급격히 늘었다. 흡연량도 평상시와 비교하면 거의 2배 가까이 늘었다. 그리고는 좀처럼 안방에 들어오지 않았다. 소파에서 불편한 잠을 자초했다. 금옥은 그러다 말겠지 하고 내버려 두었다. 하지만 정섭은 도무지 안방으로 들어올 생각을 하지 않았다.

그렇게 서너 달이 지난 후 금옥은 정섭에게 말을 건넸다.

"나랑 자는 거 싫으면 내가 은동이 방에서 은동이랑 잘 테니 당신이 안방으로 들어와. 당신이 편한 잠을 자야 회사 가서 일하고 식구를 먹여 살릴 거 아냐. 안 그래?" "됐어. 난 그냥 소파가 편해. 나 상관 말고 그냥 편히 자."

정섭의 말에 아랑 곳 않고 금옥은 베개를 들고 은동의 방으로 갔다.

그날 이후 벌써 5년이 넘게 지났다. 그날 이후 정섭과 금옥은 단 한 번도 같은 이불 속에서 잠을 자지 않았다. 여간해 같은 식탁에서 밥을 먹는 일도 없었다. 둘 사이의 대화는 갈수록 줄어들었다. 정섭은 큰아들 효동이와 간단한 대화를 나눌 뿐 금옥이나 은동과는 대화를 거의 나누지 않았다. 인지력이 떨어지는 은동이라지만 눈치는 있었다. 아빠가 자신에게 전혀 따듯한 눈길을 주지 않는다는 사실을 알고 좀처럼 아빠 곁에 다가가지 않았다. 멀쩡히 생활하다가도 아빠가 현관문을 열고 들어오는 소리가 들리면 소스라치게 놀라 제 방으로 숨어버렸다.

금옥은 결혼 이후 바깥 생활을 하지 않았다. 낡고 작은 아파트지만 정섭이 결혼할 때 부모님이 장만해준 집이 있어서 남들처럼 집 장만하겠다고 바둥거릴 필요는 없었다. 정섭도 금옥이 바깥일을 하는 걸 원치 않았다. 정섭은 결혼 초기부터 일정액의 생활비를 금옥에게 전해줄 뿐 나머지 금전 관리를 직접 본인이 했다. 넉넉한 돈을 받지는 않았지만, 금옥은 알뜰하게 살림을 꾸려갔다. 효동이가 초등학교 고학년이 되면서부터 영어와 수학 학원도 다니고 방과후학교 프로그램을 통해 바이올린 연주도 배우기 시작하면서 생활비가 많이 늘었다. 두 아이가 열 살을 넘어서면서부터 음식 먹는 양도 크게 늘어 전에 1주일에 한 번꼴이던 장보기가 이제는 이틀 간격으로 가게 됐다. 하지만 정섭은 생활비를 늘려주지 않았다. 그리고는 몇 달에 한 번씩 아무런 사전 고지 없이 생활비 지급을 건너뛰기도 하였다.

처음엔 금옥도 사정이 있겠지 싶어 별말을 하지 않았다. 그냥 좀 아껴 쓰면 된다고 생각했다. 하지만 생활비를 제때 주지 않는 일이 날로 싸늘해지는 정섭의 태도와 무관치 않다는 생각이 든 이후 오히려 말을 할 수가 없었다. 그보다도 눈을 마주칠 일이 없으니 어떻게 대화를 시도해야 할지도 막막했다. 핸드폰 문자 메시지를 건네기도 했지만 아무런 답이 없었다. 그럴 때마다 심한 모욕감을 느꼈다. 그러다 결국 금옥이 마트 일을 시작하게 되었다. 정섭은 효동이와 관련된 비용은 날짜를 지켜 잘 건네주었지만, 금옥이나 은동이 써야 할 돈은 제때 건네주지 않았다. 금옥이 마트 점원으로 일하기 시작하면서 정섭은 더욱 담을 높이 쌓았다. 금옥으로서는 이러지도 저러지도 못할 상황이었다. 하지만 당장 아쉬운 것은 자신이다 보니 어쩔 수가 없었다. 그보다 마트 일을 하다 보면 잡생각을 할 겨를이 없어서 오히려 좋았다.

– 3 –

금옥은 최근 수년간 자신에게 벌어진 일을 생각하면 감정이 치밀어 올라 감정을 주체할 수가 없다. 어디서부터 무엇이 잘못된 건지 당최 종잡을 수가 없다. 주위를 아무리 둘러봐도 자신을 이해 해주고 도와주는 사람은 없다. 삶이 너무 무겁다는 생각뿐이다. 은동은 열 살이 넘어서면서부터 신체 성장에 가속도가 붙어 키와 몸무게가 하루가 다르게 늘어갔다. 은동의 몸이 커간다는 것은 금옥이가 그만큼 은동을 다루는 데 힘에 부친다는 것을 의미한다. 효동이는 사춘기로 접어들며 전과 달리 화를 내는 일이 잦아졌고, 은동에게도 거칠고 퉁명스럽게 대하기 시작했다. 운동의 상태는 좀처럼 호전되지 않았다. 자신이 원하는 것을 들어 주지 않으면 벽이나 테이블, 식탁 등에 자신의 머리를 찧는 행동을 반복하며 생떼를 부리는 일이 많아졌다. 때로는 엄마인 금옥에게도 주먹질하거나 손톱으로 할퀴는 등의 공격적 성향을 드러내 보인다.

효동이 사춘기를 맞아 예민해진 것은 야속하지만 이해할 수 있는 일이다. 은동이 과격해지는 것도 제 본심과 무관한 일이란 사실도 잘 안다. 그러니 이해할 수밖에 없다. 세상천지에 은동을 지켜주고 보호해줄 사람은 금옥 자신뿐이란 사실을 잘 안다. 하지만 그 현실 자체가 두려움으로 다가온다. 금옥이 정작 서운하고 원망스러운 것은 정섭이다. 자신이 이토록 힘들고 어려운데 가장 가까이서 위로해주고 힘을 주어야 할 남편이 오히려 가장 큰 짐이 되고 있으니 말이다. 몸이 힘들어도 자신이 몇 곱절 힘들 것이고, 마음이 무거워도 자신이 몇 곱절 무거울 텐데 정섭은 대체 무슨 생각을 가지고 저리도 마음을 잡지 못하는 것인지 여간 야속한 게 아니다.

정섭은 회사 일을 마치고 초저녁에 귀가하는 법이 없다. 아무리 일찍 들어와도 밤 10시를 넘긴다. 대개는 술자리를 갖고 들어오고, 술을 마시지 않고 맨정신에 들어오는 날도 식구들과 여간해 눈도 마주치지 않고 곧바로 안방으로 들어간다. 그리고는 일찌감치 불을 끄고 거실로 나오지 않는다. 가끔 효동이를 방으로 불러

들여 이런저런 이야기를 나누기도 하지만 깊은 대화는 아니다. 효동이가 방에 불려들어간 날은 아빠에게 용돈을 받는 날이다. 성실하게 학교에 잘 다니고 성적도 상위권인 효동이는 아빠 정섭의 유일한 희망이다. 효동이는 아빠의 투정 어린 행동이 계속되는 것이 못마땅하지만 달리 자신이 할 수 있는 일은 없다고 생각하고 있다. 엄마 금옥이 너무 애처롭다는 생각은 하지만 그 또한 자신이 무얼 어찌해야 할지에 대해 별다른 생각이 없다. 다만 집에 들어오면 푸근하고 정겨움이 없어 자신도 불만스럽다. 은동의 난치 판정 이후 사실 가정이 무너졌다. 가장 중심을 잡아주어야 할 가장인 정섭이 가장 먼저 무너지면서 나머지 식구들도 속절없이 무너진 것이다.

장애가 있는 은동이 최소한의 가정생활과 학교생활을 하기 위해서는 양부모의 피나는 노력이 뒤따라야 한다고 금옥은 생각하고 있다. 자신 혼자서 아무리 애를 쓰고 노력해도 한계가 있다고 생각하는 금옥은 벌써 몇 년째 은동은 물론 가정을 포기한듯한 행동을 하는 것이 여간 야속하지 않다. 자신의 처지를 스스로 생각해봐도 너무 측은해 분통이 터질 때가 한두 번이 아니다. 부부의 정이 없이 사는 것은 그래도 이해할 수 있다. 다른 집도 몇 년 지나면 다들 그렇게 정이 없이 그냥 관성대로 산다고 들었거니와 지금 당장 애틋한 부부의 정이 자신에게는 사치라는 생각도 하기 때문이다.

하지만 제가 낳은 제 새끼인데 은동에게 데면데면한 모습은 도무지 참을 수가 없다. 부부관계를 정리하고 싶은 마음을 가진 것도 수백 번이지만 효동이를 생각하면 차마 그럴 용기가 나지 않는다. 인지력이 부족한 금동이야 무서운 아빠와 떨어져 사는 것을 오히려 반길 수도 있지만, 효동이는 상황이 다르다. 금옥은 어찌 보면 효동이가 가장 큰 희생양이라는 생각을 늘 하고 있었다. 일찌감치 동생에게 엄마를 빼앗겨 정에 굶주렸을 아이다. 표현은 안 하지만 어린 것의 속은 얼마나 새까맣게 타 있을까를 생각하면 금옥의 마음은 찢어진다. 처음 1~2년은 정섭이 마음을 다시 잡고 가정으로 돌아오길 바라는 마음으로 기다렸지만, 이제는 마음을 접었다. 효동이 때문에 부부관계를 정리하지 못하고 살아가고 있다.

– 4 –

금옥의 친정엄마 백우진은 딸만 생각하면 억장이 무너진다. 물론 백 씨는 딸이 장애 아들 탓에 힘겹게 살고 있다는 사실만 알고 있다. 정섭과 벌써 5년 넘게 남처럼 살아가고 있다는 사실을 전혀 알지 못한다. 금옥과 가까이 군포에 사는 백 씨는 딸과 자주 통화를 하고 싶어도 딸 목소리만 들으면 참았던 울음이 터져 오히려 딸의 마음에 상처만 줄 뿐이란 사실을 본인은 잘 알고 있다. 4남매를 둔 백 씨는 자식 모두가 그런대로 자리를 잡아, 탈 없이 잘살고 있음에 늘 감사한다. 그러던 중 막내딸 금옥이 은동을 낳은 이후부터 없던 걱정이 생겨 밤잠을 제대로 이루지 못한다. 백 씨는 평생 교회고 절이고 다녀본 적이 없지만 얼마 전부터 이웃집에 사는 또래를 따라 은광사에 다니기 시작했다. 부처님 앞에 엎드려 절이라도 하면 그나마 시름이 조금은 가시기 때문이다. 오늘도 백 씨는 은광사에 가서 금옥을 위해 부처님께 천 배를 올렸다.

똑같은 상황을 놓고 시어머니는 친정어머니와 바라보는 시각이 180도 다르다. 시어머니 조춘자 씨는 자나 깨나 아들 정섭 걱정이다. 정섭이 웃음을 잃은 지 오래고 핼쑥하게 말라가고 있으니 어머니 된 처지에서 가슴이 아플 수밖에 없다. 3남매 막내인 정섭이 어머니 조 씨 눈에는 가장 늙어 보이니 말이다. 얼굴도 늘 푸석푸석 윤기가 없고, 이제 40이 갓 넘은 나이에 웬 흰머리는 그리도 많은지. 바라보자니 마음이 타들어 간다. 조 씨는 며느리 금옥이 은동 때문에 힘들 것이라고 생각은 하면서도 당장 자신의 자식인 정섭이 야위어 가는 것을 두고 볼 수 없어 이따금 전화를 걸어 금옥의 억장을 무너뜨린다.

"아니 애미야. 너 힘들고 어려운 걸 아니까 내가 차마 말은 못 했다만 효동 애비 하고 다니는 꼴을 좀 봐라. 그게 어디 각시 있는 놈 몰골이더냐. 밥 맛나게 하는 영양제라도 좀 먹이고 반찬이라도 좀 먹게끔 준비해서 아범 꼴은 만들어줘야 하는 거 아니냐. 지켜보고 있자니 속이 터져서 한마디 했다. 어쨌든 애비가 건강해야 너도 애들도 살아갈 것 아니냐? 내 말 너무 야속하게 듣지 말고 아비 좀 챙겨라. 내 말 알겠지?"

금옥은 자신도 두 아들을 키우는 부모의 입장이니 시어머니 조 씨의 심정을 이해는 한다. 하지만 자신이 얼마나 힘에 겨운지 알지도 못하면서 그저 자신의 자식만 눈에 밟히는 시어머니의 말을 듣고 나면 정말 가슴 한가운데서 시뻘건 불덩이가 끓어오른다. 시어머니와의 전화 통화를 마치고 나면 온몸에 맥이 쭉 빠진다. '내가 어떻게 살고 있는지 알고 저러시나?' 싶은 생각에 야속한 마음이 가시질 않는다. 반면 자신만 아니면 아무런 걱정이 없으실 친정어머니가 절에 기도까지 다니시는 걸 보고 그 또한 송구한 마음에 억장이 무너진다. 친정어머니와 전화 통화를 마치면 며칠 먹먹한 마음이 가시지를 않는다.

금옥은 수면제를 먹지 않으면 잠을 이룰 수 없는 날이 늘어갔고, 지난해부터는 정신과 진료를 받기 시작해 우울증 판정을 받아 치료하고 있다. 물론 정섭은 아무것도 알지 못한다. 금옥은 우울증약을 복용하면서 신기한 경험을 했다. 약을 먹으면 한결 마음이 편해지고 수면제 없이도 잠을 잘 수가 있으니 말이다. 시뻘겋게 올라오는 울화도 이전만큼 호흡을 방해할 정도는 아니다. 금옥은 자신이 우울증 치료를 받기 시작하면서 어느 정도의 효험을 보기 시작하자 정섭에게도 치료를 권해보고 싶다는 생각을 했다. 그가 치료를 받으면 이전의 다정스러웠던 신랑의 모습으로 돌아올 수 있다는 희망을 품게 됐다. 하지만 눈길 한번 제대로 주지 않는 정섭에게 그런 말을 할 기회는 없었다. 설령 말을 한다고 한들 냉소적인 반응을 보일 것이란 걸 잘 알고 있다. 그래서 문자 메시지를 이용해보았다. 하지만 정섭에게는 아무런 답장도 날아오지 않았다.

"효동 아빠, 당신 너무 힘들면 병원 도움을 받아봐. 요즘 현대인들은 스트레스가 너무 심해서 그냥 내과나 이비인후과 가듯 정신과 가서 진료를 받는데. 의사에게 상담받고 약 처방받아서 먹으면 상태가 한결 좋아진다고 하네. 억지로라도 마음속 울분을 삭여봐. 꼭 치료받아보길 바래."

"……"

– 5 –

숨이 턱턱 막힐 듯한 폭염이 계속되는 일요일. 웬일인지 정섭은 외출하지 않고 집에 머물러 있다. 찌는 더위를 견디지 못하겠던지 샤워하러 목욕탕으로 들어갔다. 금옥은 순간 정섭의 휴대전화를 훔쳐보고 싶다는 생각이 들었다. 패턴으로 잠겨있었지만, 자세히 살펴보니 손자국이 선명하게 나았다. 그대로 따라 패턴을 그려보니 암호가 풀리고 초기화면이 나타났다. 문자 메시지와 통화내역을 살펴보았다. '주 실장'이란 이름으로 하루에도 적게는 수통, 많게는 수십 통의 통화 내역이 기록돼 있었다. 문자도 그와 나눈 대화로 가득했다. 금옥은 일단 주 실장의 전화번호를 옮겨적었다. 주고받은 문자 메시지 내용을 살펴보려는 순간 정섭이 목욕탕 문을 여는 소리가 들렸다. 소스라치게 놀란 금옥은 얼른 전화기를 제자리에 놓고 주방으로 걸음을 옮겼다.

금옥은 뭔가에 가위눌린 듯 가슴 한가운데로 통증이 집중 몰려드는 것을 경험했다. 불길한 예감이 엄습하며 머릿속이 까맣게 멈춰 서는 블랙아웃, 그걸 경험했다. '말로만 듣던 블랙아웃이 이런 거구나' 금옥은 혼자 생각했다. 격한 심장박동을 억제할 수가 없었다. 금옥은 여자다. 아직 생리적으로 젊고 신체 건강에도 별 문제가 없는 여자다. 여자의 촉이란 게 있다. 남성은 이해하지 못하는 예지력이랄까? 금옥은 순간 촉이 살아나며 심상찮은 일이 앞으로 벌어질 것을 직감했다. 주 실장이란 사람은 분명 여자일 것이며 정섭과 업무 외에 무엇인가로 엮여있는 상태란 직감이 밀려왔다. 식탁 의자에 주저앉아 있던 금옥은 순간 벌떡 일어나 서랍장을 뒤져 진정제를 찾아 한 알을 물과 함께 삼켰다.

그 순간 은동의 방에서 쿵~ 하는 소리가 들렸다. 소스라치게 놀라 달려 들어가 보니 은동은 방바닥에 내동댕이쳐진 채 울음을 쏟아내기 시작했다. 바퀴가 달린 의자에 올라가 놀다가 넘어진 것이다. 방 안에는 은동이 가위질로 잘라놓은 종이 뭉치가 사방으로 흩어져 있었다. 신문지며 전단이며 색종이까지 온통 방 안에 종이 파편이 넘쳐났다. 은동은 열두 살이지만 아직 3~4살 또래의 인지력을 갖고 있다. 잠시만 방심하면 감당하지 못할 사고를 친다. 며칠 전에는 금옥이 잠시 동네 마트에 다녀오는 사이 주방 싱크대를 뒤져 설탕과 조미료, 물엿과 식용유 등을 꺼내 온 집안에 흩뿌리는 일이 있었다. 치우는 데만 두어 시간이 걸렸다. 이런 일을 한번 겪을 때마다 금옥은 몸과 마음이 지쳐감을 느낀다. 은동이 엉엉 울며 소란을 피웠지만 아빠 정섭은 은동의 방을 살펴보지도 않은 채 밖으로 나가버렸다. 창문 너머 정섭이 차를 몰고 주차장을 빠져나가는 모습이 금옥의 눈에 들어온다.

금옥은 주 실장 문제를 어떻게 대처해야 할지 막막했다. 심부

름센터를 동원할까 싶은 생각도 들었고, 지인들에게 도움을 청할까도 생각해보았다. '그냥 모른 체할까?' 하는 생각도 들었지만 그건 아니었다. '차라리 몰랐으면 좋았을 걸 공연히 알게 돼 속앓이만 한다.'라며 후회하기도 했다. 휴대전화를 훔쳐본 자신이 너무나 원망스러웠다. 몰랐으면 이런 상처를 입지 않았을 텐데 공연한 짓을 했다는 생각이 물밀 듯이 밀려왔다. 그러면서도 한편으로는 주 실장은 분명 업무와 관계되는 인물로 남성일 것이란 생각을 하기도 했다. 하지만 남성이라면 아무리 업무와 밀접한 관계가 있다고 해도 하루에도 수십 통씩 통화할 리가 만무했다. 문자를 그토록 많이 주고받을 일도 없다고 생각했다. 금옥은 자신의 촉을 믿었다.

금옥은 이튿날 친구 김이선에게 전화를 걸었다. 이선은 대학 때 같은 동아리 활동을 했던 친구로 학부에 이어 석사과정까지 심리학을 전공했고, 서울에서 사설 아동심리센터를 운영하고 있다. 학교 다닐 때 금옥과 이선은 둘도 없이 친한 단짝이었다. 이선이 성인이 아닌 아동심리 전문가라고는 하지만 그래도 자신의 답답한 마음을 가장 잘 이해해 주고 해결책을 제시해 줄 것이라는 믿음이 생겼다. 전화를 걸어 이선에게 그간의 일들을 모두 털어놓았다. 마음이 한결 후련해지는 것을 느꼈다.

"금옥아, 내게 다 이야기 해줘서 정말 고맙다. 대충 짐작은 했지만 네가 그렇게까지 고통스럽게 사는지는 몰랐다. 그동안 무심했던 거 정말 미안하다."

"아니야. 별소릴 다 하는구나. 나도 너한테 신경 하나도 못 쓰고 살았는걸. 뭐. 우리 애들이나 키워놓고 자주 만나자. 지금은 내가 좀처럼 짬을 낼 수가 없구나. 지금은 몸도 마음도 늘 여유가 없어서…"

"금옥아~"

"…"

"내가 볼 때 효동 아빠 여자 생긴 거 맞어. 얼마나 서운하고 괘씸하겠니? 내가 너래도 못 참을 것 같아. 하지만 금옥아, 절대 이번 사태를 감정적으로 처리해선 안 돼. 감정을 억제하고 최대한 이성적으로 판단해야 해. 미운 감정은 잠시 접어. 애들 아빠를 위해서가 아니라 너와 너희 아이들을 위해서 하는 말이야."

"…"

"금옥아! 금옥아? 듣고 있니?"

"응 듣고 있어. 말해."

"애들 아빠 반드시 돌아올 거야. 반드시. 남자들은 그 나이에 한 번씩 한눈을 팔아. 애 아빠도 오죽 힘들면 그랬겠나 하는 마음으로 바라보고 이성적으로 행동해. 물론 지금 같은 상황에서 너한테 한 짓을 생각하면 한없이 밉다. 너무 얄밉다. 그치만 아이들을 생각해야 해. 알겠지?"

– 6 –

이튿날 금옥은 떨리는 손가락을 다른 손으로 붙잡아가며 정섭의 핸드폰 속 주 실장에게 전화를 걸었다. 신호음이 계속되는 동안 금옥의 심장은 심한 박동질을 했다. '내가 잘못한 게 하나도 없는데 왜 내가 떨고 있지?'라고 생각하는 사이 수화기 너머 낭랑한 목소리가 들려왔다.

"네, 아성실업 주미연입니다."

아성실업? 그것은 정섭이 다니고 있는 회사의 이름이었다. 그래서 금옥은 더욱 놀랄 수밖에 없었다. 숨이 막혀 어쩔 줄 몰랐지만 침을 한번 삼키고 호흡을 가다듬었다. 그리고는 차분한 어조로 말했다.

"주 실장님이시죠?"

"네 그렇습니다만… 어디시죠?"

"네 저는 서정섭 씨 부인되는 사람입니다."

"아 네에~"

조금 전까지만 해도 당당하고 발랄하던 주미연의 목소리가 갑

작스럽게 차분해지고 움츠러들었다.

"불쑥 전화 드려서 죄송해요. 제가 우리 애 아빠 관련해서 좀 여쭤보고 싶은 게 있는데요. 시간 좀 청해도 될까요?"

"아니 뭐 전화 통화로는 어려우실까요?"

"바쁘신 줄은 압니다만 그래도 한번 뵙고 부탁을 드리고 싶은 게 있는데요."

"네. 그럼 그렇게 하시죠."

금옥은 주 실장과 다음날 바로 만나기로 하고 약속 시각과 장소를 정했다. 전화를 마치고 금옥은 긴 한숨을 내쉬었다. 자신이 피해자일 수 있는 일인데 왜 자신이 그토록 떨리고 가슴이 졸이는지 스스로 이해가 되지 않았다.

이튿날 금옥은 낮 마트 근무를 잠시 비우고 약속된 커피숍에서 주 실장을 만났다. 약속 시각보다 10분 이르게 금옥이 도착했고, 주 실장은 3분 일찍 도착했다. 둘은 첫눈에 서로를 알아봤다. 씁쓸한 미소를 나누고 마주 앉았다. 마트에서 일하다 온 금옥은 청바지에 자주색 니트 상의를 입고 있었다. 반면 주 실장은 말쑥하게 회사 출근복인 스커트 정장을 입고 있었다. 약간 둥근 얼굴에 옆구리를 삐져나오는 살이 한눈에 드러나는 주 실장은 누가 봐도 매력을 발산할 만큼 세련된 이미지를 풍기기보다는 그저 푸근한 40대 여성의 이미지였다. 금옥이 먼저 말문을 열었다.

"바쁘신 시간에 이렇게 초라한 행색으로 만나 뵙자고 해서 너무 죄송스럽네요. 어차피 한번 뵙고 말씀을 드려야 할 상황인데 차일피일할 필요 없다고 생각했습니다."

금옥이 말을 하는 동안 주 실장은 애써 눈빛을 외면하면서 찻잔을 뚫어지라 직시했다. 그러면서 금옥의 말에 수긍하는 듯 고개를 수시로 끄덕여주었다. 금옥은 자신의 신세 한탄부터 풀어놓았다. 지금 자신이 혼자 서있기도 벅찰 정도로 외롭고 힘든 입장임을 털어놓았다. 그리고 정섭이 작은아이로 인해 심각한 우울증세를 보인다는 사실도 말했다. 주 실장은 시종 고개를 끄덕이며 금옥의 말을 듣기만 했다. 금옥의 눈에 비친 주 실장은 충분히 이성적이었고, 차분했다. 금옥이 할 말을 다 했다는 판단이 들었을 때, 주 실장이 입을 열기 시작했다.

"저, 부인께서 생각하시는 것만큼 몰상식 한 사람은 아니에요. 언젠가 한 번쯤 이런 날이 올 거라고 생각은 했어요. 서 과장하고 저는 선후배 사이입니다. 제가 서 과장보다 8년 먼저 이 회사에 입사했습니다. 나이도 다섯 살 많구요. 직접 같은 부서에서 근무한 적은 없지만 큰 프로젝트를 두 번 같이 맡아 추진한 적이 있어요. 참 명석하고 유능한 후배예요. 큰 프로젝트 수행하는 동안 많이 친해졌고, 술도 한잔 같이할 기회가 있었고요."

금옥은 속이 타는 듯 커피를 두고 얼음물을 주문해 계속 마셨다. 두 번이나 냉수를 다시 채워 계속 마셨다. 주 실장은 이야기를 계속했다.

"술자리를 갖다가 제가 혼자 산다는 사실을 서 과장이 알게 됐어요. 일부러 흘린 것은 아니지만 아주 우연히 말하게 됐어요. 저 이혼녀거든요. 혼자 산 지 6년 됐어요. 딸 아이하고 둘이 살다가 딸아이가 지난해 미국으로 공부하러 갔어요. 저도 외로웠어요. 그렇다고 서 과장에게 수작을 건 적은 없었어요. 오히려 서 과장이 제가 혼자라는 사실을 알게 된 후부터 너무 집요하게 접근한다는 사실을 느끼고 제가 피했어요."

"그러셨군요. 계속 말씀해주시죠."

"자주 전화가 걸려오고, 하루에도 수십 통씩 문자를 보내고 그러더군요. 저더러 누나가 돼 달라고 계속 말했어요. 저는 혼자 사는 여자가 너무 가볍게 처신한다는 얘기 듣고 싶지 않았어요. 회사라는 곳도 모두 나름대로 대졸 엘리트들 모아 놓은 집단이라고는 하지만 말도 많고, 저속한 소문도 돌고 그러거든요. 그게 너무 싫었어요."

"…"

"하루는 술 한잔하자길래 자리를 가졌는데 둘째 아이 이야기를 제게 하더군요. 아주 많이 힘들어했어요. 정말 보기 안쓰러웠어요. 당장 눈에 보이는 게 서 과장이다 보니 뵌 적 없는 애 엄마 생각은 안 떠오르더군요. 지금 생각해보면 애 엄마가 아빠보다는 몇 곱절 힘들 텐데요."

"그래서 지금도 자주 만나시나요?""저는 이혼을 경험한 여자입니다. 남자들을 너무 잘 알죠. 그동안 재혼 제의도 주위에서 많이 받았고, 외로울 만큼 외로워도 봤어요. 수년 전에는 재혼을 전제로 사귀는 남자도 있었어요. 하지만 혼자 산 세월이 길다 보니 다시 누군가와 산다는 게 엄두가 안 났어요. 그냥 이렇게 사는 게 답이라고 생각했어요. 전 누군가에게 몰입하기에는 너무 이기적인 성격이에요."

"저도 좀 그래 봤으면 좋겠네요. 부럽네요."

"서 과장이 접근해 오길래 사실 많이 피했어요. 저는 이미 많이 늙었어요. 폐경도 이제 머지않았어요. 남자에 그닥 큰 관심 없어요. 그런데, 서 과장이 많이 외로워 보인다는 점이 늘 안타까웠어요. 위로해주고 싶었어요. 달래주고 싶었어요. 그래서 전화 오면 전화 받아주고, 문자 오면 답장 해주고… 그랬어요. 잘했다는 거 아니에요. 정말 죄송해요. 제가 서 과장한테 마음을 뺏겼든 안 뺏겼든 그건 중요하지 않아요. 가정 있는 남자에게 좀 더 단호하게 뿌리치지 못했다는 것은 무조건 제 잘못이에요. 앞으로 부인의 심기를 불편하게 해 드리는 일은 없을 거예요. 맹세해요. 그리고 진심으로 사과드려요."

너무도 당돌한 주 실장의 태도에 금옥은 더 뭐라고 대처할 수가 없었다. 처음에 그를 만나러 올 때는 머리카락이라도 움켜쥐고 바락바락 소리를 지르며 싸울 수도 있다는 생각을 하고 왔다. 하지만 나무도 냉철한 그의 행동에 마음이 녹아내리고 말았다. 오히려 그에게 뭔가 도움을 요청하고 싶다는 나약한 생각이 들기도 했다. 하지만 금옥은 태연한 듯 자신도 한껏 냉철한 태도를 보였다. 둘 사이의 관계가 어디까지인지는 굳이 묻지 않았다. 어쩌면 가장 궁금했을지 모르지만, 왠지 그 문제를 대화에 끼워 넣고 싶지는 않았다. 설령 그걸 알았다고 한들 그 자리에서 뭐라 하겠나 싶은 생각도 들었다. 그 문제를 끄집어내자니 스스로가 너무 초라하게 느껴졌다. 더구나 주 실장은 본인 스스로 금옥이 원하는 대답을 한 것 아닌가. 앞으로 전화 통화도 안 하고 문자도 주고받지 않겠다고 했으니 다른 확답을 받을 필요가 없다고 생각한 것이다. 더 무엇인가를 요구하는 것이 자신을 비참하게 만들 수 있다고 느꼈다.

– 7 –

친구 이선의 말대로 금옥은 아주 이성적으로 문제를 해결했다. 그러나 문제는 주 실장의 문제를 해결했음에도 불구하고 정섭의 마음을 되돌릴 수 없다는 점이다. 실제로 며칠 뒤 금옥이 다시 한번 정섭의 전화기를 몰래 살펴본 결과, 통화내역에도, 문자 내역에도 주 실장과 주고받은 연락은 없었다. 이를 입증이라도 하듯 다시 며칠이 지난 뒤 주 실장으로부터 금옥에게 한 통의 문자 메시지가 날아왔다.

"서 과장에게 알아듣게 이야기했어요. 부인과 아이들에게 충실한 아버지가 돼달라고 간곡히 당부했어요. 아마 다시는 저를 찾는 일이 없을 겁니다. 심려를 끼쳐드려 정말 죄송했습니다."

주 실장의 문자는 간결하면서도 명료했다. 몇 글자 안 되는 문자 메시지에서도 커리어우먼의 풍미가 배어 나왔다. 금옥도 망설이다가 답신을 보냈다.

"고맙습니다. 무례한 부분이 있었다면 이해해 주시기 바랍니다."

이렇게 주 실장 문제는 일단락됐다. 주 실장이 정섭에게 단도직입적으로 상황을 설명하고 매듭을 지은 것 같다. 물론 금옥을 만났다는 이야기도 한 것 같다. 금옥은 정섭에게 자신이 주 실장을 만나고 온 사실을 말하지 않았다. 정섭은 그 사실을 알 테지만 금옥에게 자초지종을 묻지 않았다. 늘 그랬던 것처럼 둘은 별다른 이야기를 나누지 않았다. 금옥은 정섭이 자신에게 다가와 미안하다고 진심 사과하길 바랐다. 하지만 정섭은 한 발짝도 다가오지 않았다. 은동에게도 눈길 한번 주지 않았다. 금옥은 정섭이 전혀 바뀌지 않았음을 확인하며 절망감이 더욱 커졌다. 정섭은 어쩌면 전보다 더 가정에 거리를 두며 사춘기 청소년 같은 반항기를 보였다. 대체 누굴 향해 무엇 때문에, 무얼 바라고 저러는 건지 바라보는 금옥은 억장이 무너질 뿐이다.

금옥과 정섭이 남남처럼 살아온 세월이 벌써 5년째이다. 대체 어디서부터 무엇이 잘못된 것인지 금옥은 답답하기만 하다. 하루하루 속절없이 늙어만 가는 자신이 너무도 안쓰럽다. 금옥은 수년 전만 해도 무엇 하나 부러울 게 없는 인생이었다. 번듯한 대학을 졸업했고, 졸업 후에는 세무사무소에 취직해 능력을 인정받으며 남부럽지 않게 살았다. 국세청 과장으로 퇴임한 세무사무소 소장은 금옥의 업무처리 능력이 탁월하고 성격도 좋다며 최고 대우를 해줬다. 그래서 결혼 후에도 금옥은 세무사무소 일을 계속했다. 첫째 효동이를 낳아 기를 때도 시어머니 조 씨의 도움을 받아 큰 불편 없이 직장생활을 계속할 수 있었다. 그러나 은동을 낳고 상황이 급반전되었다. 두 아이를 시어머니에게 맡길 수도 없었고 훗날 은동이 서너 살이 되면서부터 자폐증 증상을 드러냈기 때문이다. 이때부터 금옥은 자연스럽게 일을 접을 수밖에 없었다.

금옥은 하루하루의 생활이 너무 고달프다. 집에서 먼 거리를 오가며 아이를 등교시키고 마트 점원으로 일을 하는 자체도 힘에 부친 데 은동은 계속되는 교육과 치료에도 나아지는 모습을 보이지 않는다. 오히려 덩치가 커지면서 통제하기만 더욱 어려워진다. 앞으로 1~2년 후에는 도저히 은동의 생떼를 당해내지 못할 것이란 두려움도 수시로 밀려온다. 효동이는 학교생활에 잘 적응하며 모범생으로 잘 적응하고 있다고는 하지만 사춘기가 된 이후 도무지 상냥하고 따듯한 구석이라곤 찾아볼 수가 없다. 늘 불만으로 가득한 얼굴을 하고 엄마가 묻는 말에 대꾸도 잘 하지 않는다. 남편 정섭은 주 실장 사건을 잘 마무리하면 뭔가 달라지는 모습을 보일 거라고 기대했지만 오히려 이전보다 더 싸늘해졌다.

희망이 보이지 않는 삶은 삶이 아니라고 했던가. 대체 자신이 무얼 잘못했고 어디서부터 자신의 삶이 이토록 망가졌는지를 생각하면 금옥은 억울한 마음뿐이다. 금옥은 가끔 자신이 죽고 난 뒤에 은동이 혼자 살아가는 모습을 상상하면 등골이 오싹해진다. 자신이 없으면 은동은 단 하루도 살 수 없을 거라고 금옥은 생각하고 있다. 은동 때문이라도 다른 어떤 생각을 할 수 없는 게 금옥의 심정이다. 너무도 답답하고 억울하다는 생각에 죽어버릴까 싶은 생각이 들 때도 많았지만 효동이와 은동을 생각하면 그럴 수는 없다고 결론이 났다. 그렇다고 이렇게 살자니 하루하루가 생지옥이다. 이렇게 한번 펴보지도 못하고 시들어 버리면 어쩌나 싶은 조급한 마음이 생기면 감당을 못할 지경이다. 그래서 의사의 진료와 상담을 받고 지금껏 복용하던 우울증약을 한 알에서 두 알로 늘렸다.

– 8 –

새벽 6시가 조금 넘었다. 한겨울이어서 바깥세상은 칠흑같이 어둡다. 정섭의 휴대전화가 사납게 울어댔다. 정섭은 6시 반에 알람을 맞춰 출근 준비를 하는데 30분이나 일찍 휴대폰이 요란하게 울었다. 정섭의 전화기는 전화벨 소리와 알람 소리가 달라 정섭과 금옥 모두 알람 소리가 아니라는 것을 금세 알아차렸다. 은동이 방에서 잠을 자던 금옥도 알람 소리를 듣고 깼다. 뭔가 불길한 예감이 밀려왔다. 정섭은 방 전등을 켜고 시간을 확인한 후에 전화를 받았다. 그리고는 화들짝 놀라며 전화를 끊고 옷을 주워 입기 시작했다. 금옥은 불길한 예감을 감출 수 없어 안방으로 달려갔다.

"효동 아빠 무슨 일이야? 새벽부터 무슨 전화야?"

"어머니가 교통사고를 당하셨데. 새벽기도 다녀오시다가 집 앞 횡단보도에서…"

정섭은 병원 가서 상황을 보고 전화를 하겠다고 하고는 곧바로 차를 몰고 병원으로 달려갔다.

금옥은 불안함을 감출 수 없었다. 하지만 침착해야 한다고 생각했다. 모든 상황이 궁금했지만, 자신이 먼저 전화를 거는 것은 아무런 도움이 되지 않는다고 판단했다. 그래서 전화가 오기만 기다렸다. 마침 방학 중이어서 효동이와 은동은 세상모르고 자고 있었다. 금옥은 최악의 상황을 대비해 준비할 수도 있다는 생각을 했다. 그래서 여행용 가방에 가족들의 속옷과 양말, 칫솔과 치약 등을 챙기기 시작했다. 8시가 거의 다 된 시간 금옥의 휴대전화에 벨이 울렸다. 발신자를 확인해보니 정섭이었다. 금옥의 휴대전화에 정섭은 '신랑'이라고 표시돼 있었다. 정섭은 아주 낮은 목소리로 흐느끼며 말했다.

"아무래도 오늘을 넘기시지 못할 것 같아. 두 애들 데리고 군포 한마음병원으로 와. 옷가지랑 세면도구도 좀 챙겨와야 할 것 같고. 형네 식구들도 지금 오고 있어. 누나네 식구들도."

"그래 알았어. 준비해갈게."

금옥의 가슴이 철렁 내려앉았다. 늘 아들만 생각하고 아들 편에서 이야기하는 야속한 시어머니였지만 젊은 나이에 청상이 되셔서 2남 1녀를 키우는데 모든 청춘을 바친 분이시다. 금옥이 직장생활을 할 때 효동과 금동이를 키워주신 분이다. 전화를 끊고 나니 시어머니 백 씨와 지낸 세월이 주마등처럼 스쳐 지나갔다. 자식들밖에 모르고 사신 세월이 가엾다는 생각이 들어 금옥은 순간 큰 울음을 터뜨리고 말았다.

"어머니~ 어머니~ 그렇게 가시면 어떡해요. 저랑 은동이 어떻게 사는지는 알고 가셔야죠. 이렇게 가시면 어떡해요. 어머니~~~ 제가 서운한 게 많아서 근래에 따듯한 말 한마디 못해 드렸는데 이렇게 갑작스럽게 가시면 어떡해요. 정말 너무하세요. 어머니~"

아이들을 데리고 택시편으로 병원에 도착하니 10시 반이 조금 넘었다. 중환자실에 있는 조 씨는 정오와 오후 6시 하루에 단 두 번만 가족 면회가 허용된다. 그래서 아직 정섭과 그 형제자매들도 조 씨의 상황을 지켜보지 못했다. 가족들은 중환자실 앞에 마련된 몇 개의 의자에 각기 앉아 머리를 숙인 채 흐느끼고 있다. 연락을 받고 뒤늦게 병원으로 도착하는 이모들과 외삼촌이 차례로 도착할 때마다 그들을 붙들고 펑펑 우는 게 가족들이 할 수 있는 유일한 일이었다. 이윽고 12시가 돼 중환자실 문이 열렸다.

그리고는 병원 직원 한 명이 큰 소리로 말했다.

"조춘자 씨 가족분들! 지금부터 20분간 가족 면회하시겠습니다. 환자가 아주 위독한 상태니까 안정이 필요합니다. 너무 소리 내어 우시거나 환자를 붙들고 흔들거나 하는 일은 삼가세요. 면회시간은 20분이니까 시간 꼭 지켜주시고요. 한 분씩 차례로 들어오세요."

이윽고 중환자실 문이 열렸다. 조 씨는 온몸을 붕대로 감은 상태였고 부을 대로 부어있었다. 알코올로 닦아냈다고는 하지만 온몸이 피멍투성이여서 알아볼 수조차 없는 지경이다. 의식이 없는 것은 물론이고 산소호흡기에 의해 억지로 연명하고 있을 뿐 이미 이 세상 사람이 아니었다. 누구랄 것 없이 피멍투성이가 된 조 씨를 보고 가족들이 일제히 울음을 터뜨렸다. 평소 시어머니에 대한 서운함으로 가득했던 금옥이지만 생사의 갈림길에서 가녀린 숨을 몰아쉬고 있는 조 씨의 모습을 보니 연민이 쏟아졌다. 연민과 함께 자신의 억울한 처지를 끝까지 이해하지 못하고 떠나게 됐다는 데 대한 서운함이 뒤엉켰다. 더구나 조 씨는 두 아이가 어렸을 때 지극정성으로 손주들을 돌봐주었다. 금옥을 비롯한 온 가족이 서럽게 우는 모습을 바라보며 은동도 엄마 곁에 바짝 붙어서 펑펑 울어댔다.

"자, 이제 20분이 지났습니다. 가족분들은 이제 모두 바깥으로 나가주시기 바랍니다. 오후 6시에 한 번 더 만나 뵐 수 있는 시간을 드리도록 하겠습니다. 협조해 주시기 바랍니다."

직원이 안내하자 가족들은 하나둘씩 밖으로 나가기 시작했다. 처음으로 조 씨의 상태를 확인하고 나와 중환자실 복도에 모인 가족들은 더는 희망이 없음을 직시하고 장례를 치를 구체적인 준비에 착수했다. 의료진도 "산소호흡기만 떼면 바로 사망이라며 오늘을 넘길 수 없을 것이니 준비를 해달라"고 말한 상태이다. 우선 장례식장을 예약했고 가까운 친척들에게 연락을 전하기 시작했다. 큰집 조카는 증명사진을 가지고 사진관에 가서 영정사진으로 만들어오기로 했다. 일단 형제들끼리 모여 의견 조율이 시작됐다. 큰아들이 주도권을 갖고 대화를 이끌었다.

"누가 상조회사 회원 가입한 사람 없을까? 대개 형제 중에 한 사람씩은 가입이 돼 있던데. 나는 마음만 여러 번 먹었지 실제 가입은 못 했네. 누구 없나?"

모두가 절레절레 고개를 흔들었다. 서로 눈치만 보던 중 금옥이 대답했다.

"네 제가 바다상조라는 회사 상품에 가입한 것이 있어요. 가입한 지 2년쯤 됐어요. 우리가 모두 장례절차에 대해 잘 모르니까 상조회사 도움을 받으면 아무래도 나을 것 같아요."

"고맙습니다. 제수씨. 다행이네요. 그럼 얼른 연락해서 상조회사 직원들도 준비할 수 있게 하시죠."

금옥은 사실 친정어머니가 일을 당하면 사용하겠다는 목적으로 상조상품에 가입했다. 친정 형제라고 해봐야 오빠하고 금옥달랑 둘인데 평소 자신의 가정조차 제대로 챙기지 못하는 오빠가 상조상품에 가입할 리가 없다는 생각을 해 자신이 가입하고 혹시 모를 상황에 대비한 것이다. 그러나 우선 당장 시어머니가 먼저 가실 지경이니 급한 대로 먼저 사용해야겠다고 생각한 것이다. 연로한 어머니가 계시니 자식 중 누구라도 한 명은 상조상품에 가입했을 것으로 생각했는데 아무도 없던 것이다. 금옥은 자신이 상조상품에 가입한 사실을 감춰둘 수가 없어 공개하고 말았다. 모두가 필요로 하고 있으니 우선 급한 대로 사용을 사용해야 한다고 생각했다.

이렇게 상조회사 문제 등으로 이런저런 이야기를 나누던 중 중환자실 문이 열렸다. 그러더니 조금 전 안내를 했던 직원이 제법 큰 목소리로 말을 했다.

"조춘자 씨 가족분들 중환자실로 오세요. 곧 운명하실 것 같습니다."

가족들은 나누던 대화를 멈추고 황급히 중환자실로 달려 들어갔다.

"흐~ 후~, 흐~ 후~"

조 씨는 아주 힘들게 숨을 들이마시고 길게 뱉기를 반복했다. 조 씨 머리맡에 있는 알 수 없는 화면 모니터는 반복적으로 상하 지그재그를 그리던 그래프가 갑자기 뚝 떨어져 바닥권에서 머물고 있다. 의료 상식이 없는 누가 봐도 그 그래프가 무엇을 의미하는지 단번에 알아차릴 수 있었다. 긴 호흡을 몇 차례 하던 조 씨는 "후~~"하고 아주 길게 숨을 내뱉고 목을 떨구었다.

"운명하셨습니다. 지금 시간 13시 51분입니다. 산소마스크 떼겠습니다."

직원의 말이 떨어지기가 무섭게 온 가족이 통곡하기 시작했다. 바로 어제까지만 해도 멀쩡하던 조 씨는 하루 사이로 이 세상에서 저세상으로 건너갔다. 모든 가족은 눈앞에 벌어진 이 상황이 도무지 믿어지지 않았지만 엄연한 현실이었다.

– 9 –

장례는 순조롭게 잘 진행되었다. 한겨울인데도 손님이 많아 이틀 내내 북적였고, 상조회사도 믿음이 가게끔 깔끔하게 일 처리를 잘 해주었다. 어머니에게 평소 무뚝뚝하고 퉁명스럽게 대했던 둘째 아들 정섭은 무엇이 그리도 서러운지 가장 많이 울음을 쏟아냈다. 중학생이 된 효동이도 손자로서 제법 의젓하게 장례절차를 따랐다. 장애가 있는 은동은 정확한 상황은 파악하지 못하고 있지만, 전체적인 분위기가 침울하게 진행되고 있다는 사실은 인지하는 듯했다. 그래서인지 고집을 피우고 생떼를 쓰는 일 없이 얌전하게 장례절차를 따랐다. 특히 엄마인 금옥이 서럽게 울어대면 큰 목소리로 따라 울었다. 소렴과 대렴을 할 때는 겁에 질린듯한 표정을 보이기도 했지만 그래도 전체적인 분위기를 잘 따랐다.

어쩌면 가족 중 조 씨에게 가장 서운할 수 있는 인물은 금옥이다. 금옥이 어떤 처지로 살아가는지는 전혀 알지 못하면서 늘 자식인 정섭 편에 서 있었으니 금옥으로서는 야속하기 이를 데 없는 시어머니였다. 한 번만이라도 "애미야! 애들 키우느라고 애쓴다. 아범이 무뚝뚝하게 굴더라도 니가 이해해라. 알잖냐? 제가 성격이 저래서 표현을 못 하는 거지 본디 속마음은 안 그런 거 니가 알잖냐?" 정도의 말만 해주었어도 그 서운한 마음이 오래도록 응어리지지는 않았을 것이다. 그토록 서운한 앙금이 남아있는 시어머니이거늘 금옥은 왜 그리도 그 죽음 앞에 자신이 이토록 서러운지, 가슴 깊은 눈물이 그칠 줄 모르는지 자신도 알 수가 없었다.

망인이 된 조 씨는 미국 유학파로 서울의 한 전문대학 교수인 큰며느리에게는 조심스럽게 대했다. 말도 가려 했고, 여간해 서운한 말을 하는 일이 없었다. 대기업 연구소 부장이던 큰아들을 대할 때도 늘 손님처럼 대했다. 그나마 자식과 며느리를 통틀어 가장 만만하게 대한 것이 금옥이었다. 금옥이라고 그걸 모를 리 없었다. 서운한 것도 참 많았다. 하지만 결혼 초기에 아이들이 어렸을 때 두 아이를 키워준 것은 죽는 날까지 잊을 수 없는 고마움이다. 그래서인지 미운 정 만큼 애틋함도 많았던 모양이다. 조문객들에게 일일이 음식과 술을 나르며 대접하는 일도 금옥이 진두지휘를 했다. 조문을 온 일가친척과 손님들도 "누가 봐도 큰며느리와 작은며느리 역할이 바뀌었어."라고 수군거렸다. 가족 중에 가장 서럽고 슬프게 우는 것도 금옥이었다. 종일 문상객을 치르면서도 잠시 한눈팔면 사고를 칠까 봐 은동을 챙기는 것도 금옥의 몫이었다. 많이 울었고 잠도 제대로 못 잔 상태라 금옥은 장례를 치르는 3일 내내 눈두덩이가 잔뜩 부어있었다.

평소 말도 제대로 섞지 않는 사이였지만 어머니를 떠나보내는 마지막 제를 올리는 동안 정섭과 금옥은 나란히 절을 하고 술을 따랐다. 나란히 그리고 가까이 서 본 것이 얼마만 인지 헤아려지지 않는다. 별 것 아닌 이 일이 무어가 그리 어렵다고 부부는 그리 오랜 세월 등을 돌리고 살았을까. 어머니를 보내면서 가식적인 부부의 모습으로 절을 하는 자신의 처지를 생각하며, 금옥은 다시 깊은 슬픔으로 빠져들었다. 그 짧은 시간에 만감이 교차하며 설움이 파도처럼 밀려왔다.

"어머니~ 어머니~ 죄송해요. 너무너무 죄송해요. 제가 잘못했어요. 어머니~"

금옥이 서럽게 우는 모습에 감정이 북받쳤는지 정섭도 참았던 눈물을 쏟아내며 펑펑 울었다. 정섭의 눈물은 어머니를 여읜 슬픔의 눈물이면서 동시에 지난 수년간 아무 잘못도 없이 자신에게 온갖 설움을 당하며 두 아이 엄마로서의 자리를 굳건히 지켜준 아내 금옥에 대한 사죄의 결정체였다. 어머니의 가시는 길을 끝까지 지켜주고 있는 금옥에 대한 고마움이 표출된 회한이었다. 정섭과 금옥이 나란히 서서 통곡하는 모습을 바라보며 효동과 은동도 끝내 참았던 눈물을 터뜨렸다.

— 10 —

어머니는 안양공원묘원에 미리 잠들어 계신 아버지 바로 옆자리에 모셔졌다. 매섭게 몰아치던 한파도 막상 장사를 치르는 날에는 기세가 꺾였다. 묘지 주변 곳곳에 반 토막 낸 드럼통을 설치하고 장작불을 피웠다. 포크레인 작업이 진행되는 동안 가족과 문상객들은 장작불의 온기 옆으로 모여들었다. 금옥은 비집고 들어갈 틈을 못 찾아 장작불에서 한 발 떨어진 곳에 서 있었다. 미리 비집고 들어가 자리를 잡고 있던 정섭이 금옥의 팔뚝을 낚아채더니 장작불 옆으로 끌어당겼다. 그리고는 자신이 서 있던 자리를 금옥에게 내주고 자신이 한 발짝 물러섰다. 평범한 부부라면 아무것도 아닐 이 일이 금옥에게는 참으로 별스럽게 다가왔다. 5년 넘게 만에 처음 느끼는 정섭의 배려 표현이었기 때문이다. 이 작은 몸짓이 그리도 어려웠던 것인가. 금옥은 또 목이 메어왔다.

굴착기 작업이 끝나고 이제 본격적인 입관 절차가 시작됐다. 묘지에서도 상조회사 직원이 전체 장례를 통솔했다. 장례식장에서 망인을 모신 관은 묘지에서 해체하고 모두 불에 태웠다. 베옷으로 감싼 망인의 모습이 드러나자 가족들은 다시 일제히 오열했다. 정말 마지막으로 지상에서 어머니를 접하는 순간이었다. 온 가족이 서럽게 우는 모습을 바라보던 조문객들도 하나둘씩 울음을 터뜨렸다. 상조회사 직원이 주위를 환기하려는 듯 큰 소리로 말했다.

"큰아드님과 며느님, 같이 나오셔서 삽을 들고 흙을 한 삽씩 퍼서 어머니께 덮어드리세요."

"어머니~ 아이고 어머니~"

삽질하면서 큰아들 내외는 서럽게 울었다.

"이번에 둘째 아드님과 며느님 나오세요."

정섭은 좀 전보다 한결 자연스럽게 금옥의 팔뚝을 움켜잡고 같이 삽질을 했다. 금옥은 장작불보다 따스한 온기를 정섭에게서 느꼈다. 참으로 얼마 만에 느껴보는 정섭의 온기인가? 삽질을 마치고 한 걸음 물러나 자리를 잡은 후 손자들과 어머니 형제들, 조카들이 차례로 어머니께 흙을 덮어드리는 동안 정섭은 금옥의 손을 꼭 잡고 놓지 않았다. 금옥은 너무도 어색해 불편한 마음이 들었지만 뿌리치지는 않았다. 8년간 얼어붙었던 마음이 그리 쉽게 녹아내리지는 않았다.

유가족들의 흙덮기 의식이 끝난 후부터는 공원묘지 직원들이 달라붙어 능숙한 솜씨로 묘를 만들었다. 채 1시간이 걸리지 않아 묘를 만드는 모든 절차가 마무리됐다. 다시 상조회사 직원이 의식을 진행했다.

"이제 마지막으로 어머니를 떠나보내는 제를 올릴 겁니다. 큰아들 내외분부터 차례로 나오셔서 어머니께 잔을 올려주세요"

큰아들 내외에 이어 둘째인 정섭 내외가 마지막으로 어머니께 잔을 올렸다. 정섭은 좀 전보다 한결 가까이 밀착하며 금옥 옆에 섰다. 절을 하고 물러서면서는 금옥의 허리춤을 감싸 안기도 했다. 효동과 은동도 할머니 떠나시는 길을 술잔으로 배웅했다. 은동은 한결 의젓한 모습으로 형을 따라 할머니께 절을 하고 술잔을 올렸다. 정섭은 절을 하고 나오는 은동을 불러 자신의 앞에

세우고 손아귀로 양어깨를 잡아주었다. 아빠의 전에 없던 행동에 은동은 약간 놀라고 경계하는 표정을 지어 보였지만 그렇다고 돌발행동을 하지는 않았다. 효동은 아빠가 어깨에 손을 얹는 동안 물끄러미 엄마의 얼굴을 바라보며 어색함을 달랬다.

모든 장례절차가 끝났다. 가족들은 장례 버스를 타고 모두 어머니가 사시던 집으로 모였다. 당장 처리할 수 없지만, 어머니가 살던 집 처분 문제, 삼우제와 탈상문제 등을 협의했고, 접수된 부의금을 정산하는 일도 했다. 3일간 꼬박 장례를 치른 가족들은 모도 녹초가 돼 있다. 삼우제 때 모여 추가적인 논의를 하기로 하고 일단 각자의 집으로 흩어지기로 했다. 정섭이 차 운전석에 앉았다. 평상시처럼 효동이 아빠 옆자리에 앉으려고 앞쪽 조수석 문을 열었다. 은동이 언제 어느 때 무슨 행동을 할지 모른다는 이유로 금옥은 늘 은동과 뒷좌석에 앉았다. 자연스럽게 앞 좌석은 효동의 몫이었다. 그런 좌석 배치가 굳어진 것이 족히 10년은 된 것 같다.

효동이 앞문을 열고 운전석 옆자리에 타려고 하자 정섭이 말했다.

"효동아 앞으로는 네가 은동이 데리고 뒷좌석에 타라. 앞 좌석은 엄마에게 양보해라. 알았지?"

효동은 아빠의 말이 너무 이상하게 들렸다. 하지만 한편으로는 아주 다행스럽고 좋은 현상이라고 생각했다.

"효동 엄마 뭐해? 앞으로 타라니까."

"됐어. 왜 안 하던 짓을… 타던 대로 은동이랑 뒤에 탈게."

"은동아 앞으로는 형하고 같이 타는 거야. 알겠지?"

은동은 못내 서운한 듯 눈을 동그랗게 뜨고는 마지못해 아빠의 말에 고개를 끄덕였다.

떠밀리듯 금옥은 정섭의 옆자리에 앉았다. 정확하지는 않지만, 은동을 낳아 키우기 시작한 이후 처음인 것 같다. 금옥이 안전벨트를 끌어내려 버클에 채우려 할 때 정섭은 도와주려는 듯 벨트를 잡아당겨 금옥이 편하게 버클을 채울 수 있게 해주었다. 그리고는 서서히 차를 출발시켰다. 골목 이면도로를 벗어나 큰길로 접어들었을 때 정섭은 오른손으로 금옥의 왼쪽 손목을 잡아당겼다. 그리고는 금옥의 손을 기어 뭉치 위에 얹었다. 그 위에 살포시 자신의 손을 덮었다. 금옥은 아무런 저항을 하지 않았다. 정섭은 별말 없이 전방만 주시하며 계속 운전을 했다. 금옥도 왼손을 정섭에게 맡긴 채 앞만 바라보았다. 네 가족을 태운 차가 미끄러지듯 겨울 햇살을 가로지르며 아파트 숲 사이로 빠져나갔다.

1 동물 몸 안팎에서 일어나는 각종 변화로 인한 자극을 빠르게 전달하여 그에 대한 반응을 생성하는 기관

2 근육, 건, 인대, 뼈 등 근육과 골격계를 아울러 이르는 말

3 척추가 옆으로 심하게 굽은 증상

4 선천적으로 연골세포의 증식이 억제돼 연골 형성이 잘 안 되는 유전 질환

5 뇌 혈관이 막혀서 전신이나 반신 또는 사지 등 몸의 일부가 마비되는 병

6 미숙한 뇌의 손상으로 자세와 운동에 이상이 생기는 질환

7 홍채와 동공을 보호하는 눈 앞쪽의 투명한 막

8 눈의 각막과 홍채 사이 및 홍채와 수정체 사이를 가득 채운 물 모양의 투명한 액

9 눈 안에 있는 양면이 볼록한 렌즈 형태의 투명한 조직

10 수정체와 망막 사이 공간을 채우는 무색투명한 젤 형태의 조직

11 뇌실 안이나 두 개강 속에 뇌척수액이 고이는 질병

12 언어음을 만들어 내는 발음기관을 통틀어 이르는 말

13 마비성 조음장애라고도 한다. 중추성 혹은 말초성 신경마비로 나타나는 운동 마비성 발음 장애

14 세로로 찢어져 토끼의 입술처럼 생긴 기형의 윗입술

15 태어나면서부터 입술과 입천장이 갈라져 있는 기형

16 속화증(速話症)이라고도 한다. 음절을 빠뜨리고 아주 빠른 언어를 구사하여 인어의 질서를 잃어버린 증상

17 특정 뇌 영역에 문제가 발생하여 언어를 이해하거나 구사하는 능력에 장애가 발생하는 증상

18 얼굴에 생긴 상처나 부스럼이 나은 뒤에 남은 자국

19 멜라닌이나 헤모지데린과 같은 색소가 병적으로 증가하여 짙은 색으로 나타나는 상태

20 어떤 조직이나 기관이 과형성되어 크고 두툼해진 상태

21 어떤 사물이 아래로 꺼져 내려앉음

22 어느 부분이 없거나 잘못되어서 불완전함

23 피부 여러 곳에 나타나는 신경 섬유종을 특징으로 하는 유전 전신 질환

24 전문의를 배출할 수 있는 기관에서 각 세부분야의 치과 전문의를 교육 및 지도하는 치과의사

25 노폐물을 제거하는 신기능이 감소하여 정상으로 회복될 수 없는 단계의 질환. 신장이 제 기능을 유지하지 못하는 상태

26 체내의 피를 일부 뽑아 그 속의 찌꺼기만 걸러서 버리고, 깨끗해진 피를 다시 몸속에 집어넣는 의료 행위

27 복강에 있는 큰 막으로 내부 장기들을 연결하고 지지하는 막

28 복강과 연결된 실리콘 도관(튜브)을 통해 투석액을 복강 내로 넣으면 몸속 노폐물과 수분이 확산과 삼투 현상을 통해 투석액으로 빠져나오게 된다. 4~6시간 정도 일정 시간이 지나면 투석액이 복강 내에 머무는 동안 노폐물의 농도가 점점 더 증가하여 혈액 내 노폐물 농도와 투석액 내 노폐물 농도가 같아지게 되는데 이러한 상태를 포화라고 한다. 혈액과 투석액의 노폐물 농도가 같아지는 포화 상태가 돼 노폐물이 더는 투석액 쪽

으로 이동하지 않게 되면 복강 내 투석액을 배출하고 이어서 새로운 투석액을 복강 내로 주입한다. 복막투석은 이러한 복막 투석액의 교환 과정을 주기적으로 반복하는 일련의 과정

29 심장의 펌프 기능에 장애가 발생하여 정맥압이 상승하고 충분한 양의 산소를 말초 조직에 공급할 수 없는 증세

30 심장벽의 혈관이 갑자기 막히거나 경련으로 인해 딱딱하게 굳어져서 몸이 쑤시고 몹시 아픈 증세

31 관 심장혈관이 혈전, 연축(攣縮, 근육의 1회 수축) 등의 원인에 의해 갑자기 막혀서 심장 근육이 손상되는 질환

32 해부학에서 일시적으로 구멍이나 통로를 막아서 액체가 한 곳으로만 흐르도록 하는 기능을 가진 다양한 구조물

33 간이 반흔(瘢痕 상처나 부스럼 따위가 다 나은 뒤에 남은 자국) 조직으로 들어차는 모든 경우

34 폐 조직이 굳어서 심각한 호흡장애를 불러일으키는 호흡기 질환

35 망각, 환상, 현실과의 괴리감, 기이한 행동 등의 증상을 보이는 정신질환

36 풀려서 떨어짐. 풀어서 떨어지게 함.

37 대뇌 반구의 앞부분

38 대뇌 반구의 가쪽 고랑 아래에 있는 부분

39 대뇌 반구의 맨 뒷부분

참고한 자료

'네이버' 백과사전

'다음' 백과사전

'위키' 백과사전

'사람과 사람 사이 공존', 김영민 작성교재

'장애 이해하기', 한국장애인고용공단 자료

'장애인 고용', 한국장애인고용공단 자료

'장애인 고용 취업지원 제도와 사례', 한국장애인고용공단 자료

'장애인 차별금지 및 정당한 편의 제공', 김예원 작성교재

'장애의 이해와 장애인권감수성', 전지혜 작성교재

'직장 내 장애인 인식개선 교육 강사양성교재', 한국장애인고용공단 자료

장애가 장애가 되지 않게

발행일 2021년 9월 17일 초판 1쇄

저자 마선옥 김도운

발행처 문진
주소 대전광역시 유성구 대학로 31
한진리조트오피스텔 2004호
전화 042-933-6510
팩스 042-367-5510
홈페이지 http://munjin.co.kr

ISBN 979-11-87638-70-4 03330

값 12,000원